尽 善 尽   弗 求 弗

组织与人才发展精进系列

组织设计实战

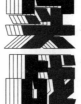

从组织诊断到组织设计的系统方法

周 锋 孙科柳◎著

电子工业出版社
Publishing House of Electronics Industry
北京·BEIJING

内 容 简 介

当今世界，唯一不变的，只有改变本身。一个组织要想生存、发展与壮大，就要随着内外部环境的变化而变化。本书按照企业组织能力建设的基本规律，融合了作者的咨询项目经验，借鉴了华为、腾讯、阿里巴巴、小米、格力等优秀企业的实践案例，详细阐述了从组织诊断到组织设计的系统方法。本书包括认知组织能力、组织诊断与分析、业务战略与组织、管控与授权机制、运营与价值创造、组织架构与分工、流程体系与责权、绩效与价值创造、文化与制度体系九部分的内容。

本书可作为企业中高层管理者、组织发展专家及管理咨询人员的参考用书，也可作为企业启动管理变革项目的培训用书。

图书在版编目（CIP）数据

组织设计实战：从组织诊断到组织设计的系统方法 / 周锋，孙科柳著 . —北京：电子工业出版社，2022.8

（组织与人才发展精进系列）

ISBN 978-7-121-43629-1

Ⅰ . ①组… Ⅱ . ①周… ②孙… Ⅲ . ①企业管理—组织管理 Ⅳ . ① F272.9

中国版本图书馆 CIP 数据核字（2022）第 094438 号

责任编辑：杨　雯　　　　　　特约编辑：田学清
印　　刷：三河市鑫金马印装有限公司
装　　订：三河市鑫金马印装有限公司
出版发行：电子工业出版社
　　　　　北京市海淀区万寿路 173 信箱　　　　邮编：100036
开　　本：720×1000　　1/16　　印张：17.75　　字数：280 千字
版　　次：2022 年 8 月第 1 版
印　　次：2022 年 8 月第 1 次印刷
定　　价：79.00 元

凡所购买电子工业出版社图书有缺损问题，请向购买书店调换。若书店售缺，请与本社发行部联系，联系及邮购电话：（010）88254888，88258888。

质量投诉请发邮件至 zlts@phei.com.cn，盗版侵权举报请发邮件至 dbqq@phei.com.cn。

本书咨询联系方式：（010）57565890，meidipub@phei.com.cn。

当下全球新冠肺炎疫情肆虐，严峻的经济形势给企业的生存与发展提出了更为严苛的要求。面对当前的发展困局，往往是那些具备强大组织能力的企业率先实现了破局，建立了自己的竞争优势，走上了发展的高速通道。

企业的组织能力建设涉及方方面面，各模块的内在逻辑与建设方法常常令众多管理者或咨询人员摸不着头脑。与其花费大量的时间去摸索，不如即刻开始系统性地学习，熟练运用合适的方法，使企业的组织能力建设工作事半功倍。

过去几年，华为虽然遭遇了重重困难，但仍然交出了一份令人满意的答卷：2019 年，年营收 8588 亿元，同比增长 19.1%，净利润 627 亿元，同比增长 5.6%；2020 年，年营收 8914 亿元，同比增长 3.8%，净利润 646 亿元，同比增长 3.2%；2021 年 9 月 25 日，全国工商联发布中国民营企业 500 强名单，华为实现"六连冠"。

这些成就背后的关键就在于华为"以客户为中心，以奋斗者为本，长期坚持艰苦奋斗和自我批判"的企业文化凝聚人心，"按劳分配与按资分配相结合"+"员工持股机制"的价值分配凝聚人力，真正做到了坚持"力出一孔，利出一孔"的原则，打造出了强大的组织能力。拥有这样的制胜法宝，下一个倒下的就不会是华为。

为了帮助企业经营者和管理者解决组织能力的建设问题、掌握组织能力建设的方法论，我和我的团队将以往在咨询工作中共同探索的经验、方法进行了梳理总结，最终编写成此书。个体会因研究经历、研究视角、研究需求等差异而对组织能力建设这一概念有着不同的理解，但我们作为多年深耕于管理咨询的探索者、实践者，期望将自己的解读系统地表述出来，让读者能一窥组织能力建设的全貌。

本书参考了许多经典的组织诊断、组织设计的书籍，结合我们自身多年的咨询和实践经历，对标了华为、腾讯、阿里巴巴、小米、格力等优秀企业的实践案例，深入浅出地剖析了从组织诊断到组织设计的系统性建设方法，旨在使读者能有一个深刻的理解，并在组织能力建设工作中能对方法、工具熟练地使用，帮助企业打造组织能力，实现基业长青。

在本书的编写过程中，我也得到了众多管理同行的帮助，在此表示感谢！衷心希望本书能让读者有所启发，并为企业实践提供切实的帮助。最后，由于本人水平有限，书中可能存在需要进一步推敲的观点和见解，若各位读者有更加独到的建议，恳请不吝指教。

周　锋

目录

第1章
认知组织能力

☀ 第 2 章
组织诊断与分析

☀ 第 3 章
业务战略与组织

第 4 章
管控与授权机制

☀ 第 5 章
运营与价值创造

第 6 章
组织架构与分工

☀ 第 7 章
流程体系与责权

☀ **第 8 章**
绩效与价值创造

☀ 第 9 章
文化与制度体系

第 1 章
认知组织能力

　　巴菲特说过，企业要想持续不断地取得成功，至关重要的是要拥有一个让竞争对手非常畏惧的、难以攻克的竞争堡垒。如何打造组织能力、支撑战略落地是很多企业面临的难题。为了更好地推进组织能力的建设，我们先要系统地认识组织能力，了解组织能力的基本概念、组织能力与企业成功的关系及组织能力的关键因素。

1.1　组织能力的内涵与作用

组织能力是组织稳定运行和长远发展的一大支柱。在现代社会中，组织的发展依靠的是企业创始人独到的商业眼光和迅捷的资源整合能力，这些都属于组织能力的一部分。通过系统认识组织与组织能力，我们可以更好地判断和解决组织能力建设问题。

1.1.1　组织与组织能力

人们为了实现一定的目标和任务而组建的社会集团就是组织。"组织"一词经常指代的是企业与公司，其实像党团组织、军事组织、医院、学校等也是组织的一种形态。

【管理研究】组织的定义

从管理学上来说，组织就是由若干人组成的、有着相同的目标和一定的系统结构的社会实体，它不仅是社会的细胞、社会的基本单元，而且甚至可以说是社会的基础。

组织的规模可以很大，也可以很小，即便是刚刚成立的组织，其核心组成因素与成立已久的组织的核心组成因素也是有相同之处的。龙湖前 CHO（首席人力资源官）房晟陶提出的组织方程式模型：组织 =f（人员、文化、组织系统、业务流程、X），即组织等于组织人员、文化、组织系统、业务流程和一个 X 因素，点明了组织的核心因素。组织人员是重要且明显的组成因素；组织的业务流程与组织系统是将人员贯通起来的明线；文化则是将人心聚集到一起的暗力；X 因素也各不相同，每个企业都有自己独特的一面，X 因素可能是数据，也可能是其他的方面。在组织的不同发展阶段，5 个变量对组织的作用是不同的。

组织能够行稳致远的关键正是其组织能力，组织能力并不是指管理者的个人能力，而是组织独特的可持续的整体竞争力，其包括以下 3 个特征。

（1）组织能力遵循时代规律，又保有组织特色

组织具有复杂性和多样性，各行各业的公司都在参与市场竞争，它们各自的战略与组织能力都与众不同。

雷军在小米成立 9 周年的公开信上明确提出"小米踏上创业第二阶段"，也就是我们常说的"二次创业"。"二次创业"后，小米的核心战略升级为"手机 +AIoT"双引擎。之前小米最核心的业务是手机，而 AIoT 即智慧物联，是被公认的下一个核心发展机遇。未来小米的资源将集中投入这里，贯彻小米的用户导向。为了支撑战略落地，小米需要做好转型，让企业发展不再依靠雷军个人，而是依靠小米自身的能力。这既能为其他员工提供成长机会并促进组织能力的建立，也能让雷军从具体事务中解放出来，更好地扮演企业家这一角色。

国内很多极具商业头脑的人创办了企业，虽然企业在他们的带领下迅速抢占了市场，但最终没能形成可持续的组织能力。等到他们离任，整个企业就会发展停滞，甚至业绩开始出现下滑。组织能力依靠的不是组织中的某个人，它体现为企业的系统能力，并为企业基业长青提供养分。

（2）以客户需求和客户价值为中心

组织能力要能够为客户创造价值，企业提供的产品或服务应当让客户感到满意，客户才是组织能力的评判主体。

20 世纪 50 年代，传统百货商场的选址都聚集在市中心，沃尔玛创始人却从美国汽车保有量上察觉人们以后更多会选择开车去购物，于是他转战地价便宜的郊区，以更好地履行为客户提供"高品质的服务"和"无条件退换货"的承诺。沃尔玛每周都会开展客户期望和意见调查，通过后台计算机系统收集客户购物信息，并及时根据收集到的客户购物期望组织采购、更新产品组合与货架物品摆放。沃尔玛还与供应商共享信息，建立合作伙伴关系，将客户对于产品的反馈意见提供给上游厂商，帮助上游厂商对产品进行优化。此外，沃尔玛

在商场内为供应商提供专属空间，设计和建立独特的产品展示区，为客户提供更专业化、更多元化、更愉悦的购物体验。

很多企业有着独一无二的组织能力，但这一能力若无法为客户提供价值，那么它就不是一种优质的组织能力。

（3）组织能力的打造需要组织全员行动

组织能力不是组织内某个人、某一部分人的能力，而是组织整体的一种组织能力。因此，组织能力的打造不能仅靠管理者的一厢情愿，也不能交由某一个部门包揽所有工作。华为全体员工通过团结奋斗，才使公司拥有了强大的组织能力。

任正非在 2013 年的新年献词中提到了"力出一孔，利出一孔"的原则，并以空气与水为例，解释华为取得的显著成就是华为始终聚焦一个目标、持续奋斗的结果。华为全体员工就如同在高压下从一个孔里喷出来的水一样，能够切割钢铁。华为还坚持"利出一孔"的原则，杜绝了管理者谋私利的行为。同时，华为以《华为基本法》为引，坚持奋斗者文化，重视对人才的培养，保持"上下同欲"。这才使华为以源源不断的创新力与"力出一孔"的执行力在高科技领域出类拔萃。

企业管理者应当明确组织能力是企业制胜的法宝，要动员所有部门、所有人在工作时集中精力和企业资源来打造组织能力，为客户提供企业所期望的价值，从而建立组织的核心竞争力。

1.1.2 组织能力是企业基业长青的基础

任正非说："我们胜利的两个基础，一是方向要大致正确，二是组织要充满活力。"正确的方向落地，需要不断培育和建立新的组织能力，为组织注入活力，这样才能及时把握住出现的商机。任正非的格局和战略眼光有独到之处，他能够认准战略方向，以此为基础打造华为的组织能力，建立一套自我优化的组织机制，确保华为的成长壮大。

【管理研究】杨国安关于企业成功的公式

企业在面对国内外竞争对手的增多、劳动力成本的上升、客户范围的扩大、业务模式的繁多等诸多因素的挑战时，如何持续性地取得成功？公式如下：

$$企业成功 = 战略 \times 组织能力$$

战略和组织能力这两个因素之间是相乘的关系，两个因素要一样强，企业才能够持续性地取得成功。

战略的落实始终要依靠与之匹配的组织能力，倘若缺乏对组织能力的建设，好的战略将只是空中楼阁，无法为企业创造价值。而且，战略极易被他人模仿、抄袭，但组织能力的培养是需要一定时间的，且很难被他人模仿、抄袭。为了比竞争对手先一步抢占市场，企业必须在保有正确战略的同时，打造与战略相匹配的组织能力，以保障战略落地执行。

华为创立之初是销售自动交换分机的，随后为摆脱对供应商的依赖，开始自主研发通信设备，初生的华为充满了希望，但是当时的国内市场被朗讯、爱立信、西门子等几家国际巨头把持着，竞争异常激烈，开发新产品的不确定性使得每笔投资都意味着公司面临巨大的生存风险。为打开国内市场，华为采用"农村包围城市"战略，先行攻下被巨头忽视的广大欠发达的农村地区，随后进入县城，最后攻入省会城市。为了抢占市场，鼓励客户进行更大规模的采购，华为架设了一批又一批的免费设备，火速地与全国数百家邮电局达成合作。随后华为招聘业务员，经过深圳总部培训后，将他们派遣到全国数百家办事处，去往每一个办事处的团队都包含了客户经理、产品负责人和售后工程师等和客户零距离接触的角色。

每一个员工都坚持并秉持着华为的"以客户为中心"的理念，以办事处为家，第一时间响应客户需求。华为对所有客户一视同仁，与客户保持紧密联系，用"无条件退货"的服务和积极承担基础设施损坏的责任，推动着华为业绩不断增长。

为了精准实施"农村包围城市"的战略,华为充分发挥"以客户为中心"的理念,用灵活的管理方式打造出了更具竞争力的组织能力。华为对于组织能力的打造,通过持续的积累与迭代,为公司构建了长期的有效屏障。

1.1.3　组织发展面临的"黑天鹅"事件

面对错综复杂的市场环境,企业要想实现稳健持续的发展面临诸多挑战,很大一部分企业因组织能力建设上的各种问题走向衰亡。那么,组织发展所面临的"黑天鹅"事件会从哪几个方面表现出来呢?

（1）价值观不匹配,组织成员内耗

随着组织规模的扩大,新入职的员工会有自己的价值观。如果企业文化只停留在官网、宣传册上,入职培训仅表现为背诵口号等表面工作,而没有将企业战略、业务流程、考核激励与企业的使命关联起来,也没有下沉为员工的行为要求,那么员工会认为"实现企业的愿景与完成使命"是一句空话,无法将自身融入团队当中,自然发挥不出团队分工协作的优势。阿里巴巴与华为一直将价值观作为选人用人重要的评判标准,与企业价值观不匹配的人不可能被提拔重用。

马云曾说过,如果把使命当作目的地,价值观就是公路上的红绿灯和黄线、白线,按照这条路去行驶,永远有准则。价值观是阿里巴巴招人的首要因素,公司还专门为此设立"闻味官"一职,由在阿里巴巴工作超过 5 年的老员工担任。在公司招聘过程中,他们会仔细观察应聘者的行为举止,将应聘者的价值观"嗅"出来,提前识别那些与公司价值观不匹配的人,达到"闻味识人"的效果。

华为也将价值观作为选人用人的重要标准,与公司价值观不匹配的人通常不会被录用。对于与公司价值观不匹配的稀缺性人才,公司在不得不录用的情况下,会让他担任专家而不带领团队,不让他掌握权力,也不给他分配权和干部提拔权,会想办法将他对组织发展的影响降到最低。

在同样的价值观的熏陶下，每一个员工在工作中都会遵循同样的行为原则，对工作始终饱含热忱。如果员工的价值观与企业的价值观不匹配，就不能保证在企业面临重大事件时，所有员工都能够上下同心来解决问题，这样会使企业遭受更多无意义的内耗和矛盾冲突。

（2）组织学习智障，缺乏进取精神

时代抛弃你时，连一声"再见"都不会说。可有的企业危机意识淡薄，不学习、不求进步、不思奋斗、不求变革，久而久之组织模式僵化、组织氛围压抑、员工缺乏活力。

2012 年，曾经的世界 500 强、占据全球三分之二的胶片市场、利润高达90% 的传统胶片巨头——柯达公司正式申请破产保护。那么，是什么导致了巨头的陨落呢？

20 世纪末柯达公司成立，其后的发展可谓空前绝后。2000 年是数码相机在主流市场普及的元年，可就在这关键时刻，柯达公司没有针对市场需求的变化做出积极响应，仍然选择在利润丰厚的传统胶片市场"吃老本"。

柯达公司并不缺少创新和变革能力，但他们当时的胶卷业务如日中天，年增长率达到 14%。如果加大对数码相机的研发资金投入，那么自身的传统业务必定会受到牵连。为了稳住传统胶片市场的垄断地位，赚取超额利润，柯达公司的管理者决定搁置数码相机的研究成果。21 世纪初，柯达公司的利润开始出现下滑，其后下滑趋势更是不可收拾。公司被迫开始转型，但为时已晚，数码市场早已被其他公司的产品抢占，传统胶片行业日趋萧条。

柯达公司落幕的原因是多方面的，其中管理者缺少对业务环境转变的感知，安逸于传统业务的功劳簿上，懒于变革创新，这是最主要的原因。华为轮值 CEO（首席执行官）郭平说过，诺基亚、摩托罗拉这些曾经处于巅峰的企业，因为没有跟上时代变化的步伐而衰弱甚至灭亡了；面对未来，我们没有选择，必须不断适应变化的环境，顽强地生存与发展。只有适应变化的企业才能生存，只有不断学习的企业才能发展。

（3）背离客户群体，忽视客户体验

华为公司的核心价值观强调：天底下唯一给华为钱的，只有客户；为客户服务是华为存在的唯一理由。如果员工背离客户、忽视客户的需求，那么组织的发展也会受到影响。

任正非在一次会议上指出：在华为，坚决提拔那些眼睛盯着客户，屁股对着老板的员工；坚决淘汰那些眼睛盯着老板，屁股对着客户的干部。他认为，前者是公司价值的创造者，后者是贪图名利的奴才。

2005 年，联想收购 IBM 的 PC 业务，发现中美文化的差异很大，随着阿梅里奥的上任，联想的员工观念开始被整合，最终得到新的核心价值观——成就客户、创业创新、诚信正直与多元共赢。但是，阿梅里奥是受过 IBM 训练的典型职业经理人，缺少联想创始人柳传志所说的"主人翁精神"。阿梅里奥的高绩效导向和成本导向的评估标准，注重短期效果的行事风格，以及刚上任就进行人事调动替换，使得内部员工产生了强烈的焦虑感。大家没有把心思放在业务上，反而一门心思在琢磨 CEO 的猜想，这不正应了任正非"眼睛对领导，屁股对客户"的描述吗？果然，伴随着金融危机的爆发，迅猛发展的 IBM 在 2008年出现巨额亏损。

任正非说过，要以宗教般的虔诚对待客户，无论是国内还是国外，这是我们奋斗文化中的重要组成部分；客户让我们有了今天的一些市场，我们永远不要忘本。时至今日，华为成为业界翘楚，离不开华为人始终如一地保持对客户的虔诚，为了客户利益不惜一切代价。

1.2　深刻理解组织能力建设

当今世界，唯一不变的，只有改变本身。一个组织要想生存、发展与壮大，就要随着内外部环境的变化而变化。组织能力的建设并非一劳永逸，而是一个不断匹配组织发展需要的过程。

1.2.1　不同流派对组织能力建设的理解

组织能力本身就是一个大概念，研究学者因自身学科背景不同，从不同角度看待问题、理解问题时就存在着差异。企业家基于问题导向，对不同行业、不同规模乃至不同阶段的组织能力的理解也各不相同。

（1）组织被人熟知的独特能力

"人力资源"的概念最早由戴维·尤里奇提出，他认为通过回答 3 个问题（①你们因为什么被人所知？②你们最擅长做什么？③你们如何通过活动来提供价值？）可以帮助人们理解组织能力的含义。就如我们知道通用电气，是因为它具有培养不同行业管理者这一能力；我们知道苹果公司，是因为它能持续设计符合人们需求的产品；我们知道迪士尼，是因为它能够提供与众不同的服务体验。组织能力定义了公司品牌这类无形资产，也定义了塑造员工行为的企业文化。

此外，戴维·尤里奇还从组织文化流派、业务流程流派、核心竞争力流派、企业资源流派 4 个不同的角度分别对组织能力做了梳理，并拟定了 14 项衡量标准用以评价组织能力（见表 1-1）。

表 1-1　组织能力的 14 项衡量标准

序　号	衡 量 标 准	具 体 解 释
1	人才	吸引、激励和保有胜任力且对组织有认同感的员工
2	速度	让重要的变革快速启动
3	共同的思维方式	保持组织在客户和员工心中的积极形象，并使客户和员工从组织中获得良好的关系体验
4	问责制	制定有助于催生高绩效的原则
5	协同	协同团队开展工作，确保效率并提升成果产出
6	学习	产生有影响力的创意并在组织内进行推广
7	领导力	在组织范围内培养"领导者"，他们能够以正确的方式交付正确的结果——他们代表了组织的领导力品牌
8	客户链接	与目标客户建立持久的信任关系
9	创新	实施创新，无论是在内容上还是在流程上

续表

序　号	衡量标准	具 体 解 释
10	战略—致性	表达和推广战略观点
11	精简化	保持战略、流程和产品的简单化
12	社会责任	为社区或更广泛的公众利益做出贡献
13	风险	预测风险，管理风险
14	效率	有效管理运营成本

（2）不执着于概念，基于目前的组织瓶颈

国内知名管理咨询专家彭剑锋认为，组织外部环境的不确定性与组织内部困境两个方面的原因造成了组织能力话题的火热，并对此提出组织能力的影响要素，如图1-1所示。

团队领导力	组织核心能力	敏捷度与活力	组织赋能能力	创新组织运行
基于企业价值观，通过共识而凝聚	依靠组织资源的获取和长期积累	通过组织结构的变革调整，激发面向市场的状态	上达资源配置能力，下放一线作战能力	提供组织内外部的协同

图 1-1　组织能力的影响要素

彭剑锋还给出了 6 个指标以供观测组织能力，如表 1-2 所示。

表 1-2　组织能力的观测指标

序　号	指　　标	具 体 解 释
1	企业壮大	将机遇转变为成果，能经受住危机而成长壮大
2	组织赋能	成员脱离组织能力减弱，加入组织后获得成长
3	管理团队	企业家不被日常事务困扰，不依赖企业家一人
4	制度理性	组织不被个人能力所压迫，依循用人机制制度
5	持续学习	组织与时俱进，没有组织智障，保持自我批判
6	人均效能	人均劳动效率，员工在一定时期内完成的工作量

（3）将组织投入的资源转变成客户需要的产品和服务的能力

国内知名管理专家陈春花认为，可以从两个方面去理解组织能力：一方面是组织工作的开展能力，对于组织人员、系统、流程等要素的调配过程，体现着管理职能；另一方面是组织的力量，组织整合各类资源与机会的合力。

组织能力具体可划分为 4 个维度，如图 1-2 所示。

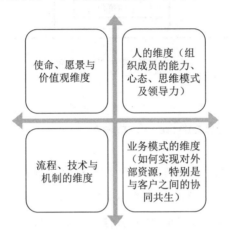

图 1-2　组织能力的 4 个维度

陈春花持有"整体论"的观点，将组织看作一个整体。她认为：衡量组织能力可以从整体指标去判断，如企业整体绩效、客户价值创造、员工成长等。

（4）基于人力资源专业体系形成的"组织记忆"

国内知名学者穆胜提出过组织能力"三明治模型"。组织能力表现为在市场竞争中的某项战斗力，决定了竞争取胜的可能性，如资源整合能力、快速对接客户能力等。

如图 1-3 所示，黑箱中 3 个维度存在递进的关系，组织价值观是基础，基于组织价值观的活动会具象形成组织规则，基于组织规则的行动会产生脱离个人存在的组织意识。

拥有组织能力的企业就好比是中间的黑箱，组织能力强则事半功倍，投入比高；组织能力弱则事倍功半，投入比低。穆胜坚信人力资源效能是组织能力的最好体现，即企业组织能力强，那么它必定有着高人力资源效能。

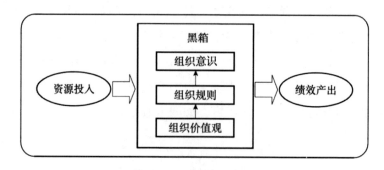

图 1-3　组织能力"三明治模型"

1.2.2　移动互联网时代组织能力的新特征

在移动互联网时代，人们的很多活动都被手机连接起来。从通话、娱乐、搜索，到金融、行政、教育、医疗等行业领域，这些原本毫不相干的企业都因互联网而相互贯通起来。移动互联网方便了人们的日常衣食住行，也使得企业的竞争日益激烈。

某书中有这样一句话——我消灭你，与你无关。这句话显得既无情又符合事物的发展规律，打败数码相机的是智能手机，打败口香糖的是微信，打败方便面的是外卖平台，企业的竞争对手又将会是谁？面对当今外部环境变化的不确定性，企业要想取胜，坚持客户导向、激发创新活力、保持敏捷灵活才是应对之策。

（1）坚持客户导向

坚持客户导向始终是组织能力建设的根本，亚马逊创始人杰夫·贝佐斯曾表示，他觉得"未来 10 年什么不会改变"这个问题比"未来 10 年什么会改变"更加重要，因为企业管理者可以围绕那些长时间内都比较稳定的事情，制定一个商业策略。如今亚马逊已上市 25 年，"客户体验至上"的理念体现在企业的方方面面。

亚马逊的愿景是成为地球上"最以客户为中心的公司"。亚马逊的会议永远会准备一张空椅子，这张空椅子代表着客户。每次讨论、每次决策、每次落实都始终将客户需求放在第一位。这是一种仪式感、一个象征符号，是随时提醒自己：客户才是最重要的人。

亚马逊一切都从客户的需求出发，而不是按照技术和能力水平来决定策略是否执行，这被贝佐斯称作"逆向工作法"。

亚马逊认为特殊类别（如健康和个人护理）的电子营销邮件将会冒犯客户，给客户带来不好的感受，所以尽管促销邮件有利可图，最终亚马逊还是取消了相关邮件，甚至建立了一个中央过滤系统，以确保敏感产品不被促销。

正因为亚马逊能持续关注客户，坚持客户导向的思维，切实提升客户体验，它前进的每一步才能迈得如此坚实。

（2）激发创新活力

在移动互联网时代，企业在面对目前的挑战时，往往需要做出一些创新性的甚至颠覆性的变革。海尔集团（以下简称"海尔"）正在践行这一做法，它顺应时代"二化"（去中心化、去中介化）的要求，推倒传统组织模式，让每一个员工都能与外界保持充分的互动，实现了人和价值创造的合一，构建了一个充满活力的动态组织系统。

"人单合一"中的"人"指的是员工；"单"指的是客户价值；"合一"需要员工的自我价值和所创造的客户价值来共同实现。在海尔"人单合一"中，每一个员工都可以直接面对客户，创造客户价值。员工不再从属于岗位，他们的存在依托于客户。随着海尔的实践探索，"人"的含义得到了拓展，不再局限于企业内部，员工自己也可以做主动的创业者和动态合伙人。"单"也有了延伸，首先，"单"是靠员工自己获取的，没有上级分配；其次，"单"是牵引且动态优化的，而不是封闭固定的。

"人单合一"模式颠覆了企业、员工和客户三者之间的关系。在传统模式下，客户听员工的，员工听企业的；在海尔的"人单合一"模式下，这种关系反了过来，具体体现为"三化"——企业平台化、员工创客化、客户个性化。企业平台化，即把企业作为共创共赢的平台；员工创客化，即员工主动作为客户创造价值的动态合伙人；客户个性化，即客户将全流程参与并体验产品定制。

新则活，旧则板；新则通，旧则滞。不断激发创新的活力需要企业敢于挣脱思维定式的束缚，打破传统观念的阻碍。企业的员工应当勇于尝试、敢于突破、不惧失败、善于总结，积极从失败中学习经验，化经验为解决方案，并在接下来的生产实践中不断升级。

（3）保持敏捷灵活

组织应当保持敏捷灵活。任正非曾说过："我们和竞争对手比，就像大象和老鼠。我们是老鼠，人家是大象。如果我们还要保守，就像老鼠一样站在那里一动也不动，大象肯定一脚就把我们踩'死'了。但是老鼠很灵活，不断调整方位，一会儿爬到大象的背上，一会儿钻到大象的鼻孔里，大象老踩不到老鼠，它就会受不了。我们必须有灵活的运作机制和组织结构体系。"

华为极为看重一线组织在面向客户时所发挥的作用，一线组织需要保持敏捷的速度，依据客户对于项目的评价和反应，及时做出响应，为客户提供全方位的服务从而赢得客户的信任，提升客户品牌忠诚度。华为构建了"华为铁三角"模式和"主官＋职员＋专家＋新兵"模式，将一线组织改造成具备综合业务作战能力的单位，能够更为敏捷和灵活地为客户制定针对性的服务和提供个性化的产品。华为还建立了全球服务中心（GSC），为全球170多个国家和地区的客户提供全天候的高品质服务，以期及时满足不同地区客户的需求。

业务环境越不确定，越需要企业能够快速应变并做出调整，也就越需要员工能够持续学习、快速适应、迅速行动。

1.2.3 标杆企业如何建设组织能力

生物学家查尔斯·罗伯特·达尔文曾说过："能够生存下来的物种，并不是那些最强壮的，也不是那些最聪明的，而是那些能对变化做出快速反应的。"这一道理也适用于复杂市场环境中的企业，往往只有迅速适应环境变化的企业，才能在行业领域内占据首要地位。

（1）华为：开放式创新，包容式发展

华为战略研究院院长徐文伟在"2019 南京创新周紫金山创新大会"开幕式上发言："华为一直主张开放式创新、包容式发展。开放式创新是利用全球专家资源共同创新，资源与能力要共享，包容式发展是创新的成果，要为全人类、全行业，包括华为和其他企业共同所享有、共同所使用。"

开放的理念一直是华为发展的重要助推器，在 20 世纪 90 年代，任正非及其管理团队曾两次远赴美国学习考察，科技巨头的先进厂区、技术实验室等给他们留下了深刻的印象。随后近 20 年的时间里，华为在 IBM 顾问的带领下，学习适应整合美国企业的方法，启动对集成产品开发（IPD）、集成供应链（ISC）等先进管理系统的学习，重塑整个系统流程，真正让员工能够"以客户为中心"。

华为还向海外派遣数万名中国员工，鼓励员工体验多元文化的撞击，了解不同的工作哲学、饮食习惯，提升开放、包容的意愿。

任正非曾表示："我们要尊重对手，学习对手，不能故步自封。"《华为基本法》第一章第三条也规定：广泛吸收世界电子信息领域的最新研究成果，虚心向国内外优秀企业学习，在独立自主的基础上，开放合作地发展领先的核心技术体系，用我们卓越的产品自立于世界通信列强之林。

从 1993 年华为集全企业之力投入研发自动交换分机起，华为每年投入至少 10% 的营业额用于技术研发。2020 年，这一比例达到 15.9%，当年华为研发投入总额高达 1418.93 亿元人民币。未来，华为仍要在 5G、6G、人工智能、云、网络安全等多个领域与全球企业展开竞争。华为的研发目标是清晰的：研发的方向由市场需求驱动，要么是客户已有的需求，要么是推动技术发展并在未来决定成败的需求。

华为目前主要以标准组织、产业联盟、开源社区、学术组织、商业联盟的形式，携手各行业、各领域的产业伙伴共同发展。华为还积极参与行业标准的制定，并希望在全球范围内的技术标准化过程中居于重要地位。

现在的科学技术并不会掌握在某一个人或一家企业手中，任何想要切断和别人来往的行为都是不理智的，只会阻碍企业的发展。企业应当与外部保持开放，学习先进，这样企业内才能迸发出无限的创造力。

（2）京东：高效供应链体系支撑组织能力的建设

京东集团（以下简称"京东"）原CEO刘强东在2018年中国"互联网＋"数字经济峰会上谈道："我们不是一个电商公司，我们是一个用技术来打造供应链服务的公司，是用技术为我们的品牌商提供供应链服务的！"京东目前能够满足消费者在任何时间、任何地点及任何方式的品质化、多样化、个性化的购买需求，提升了消费者整体的消费体验。

京东供应链正向"数智化""全链路""社会化"方向升级，实现从消费端到供给端的降本增效及最优体验。

首先是"数智化"的供应链，京东打造智能中枢系统，通过数据平台、各数据工具实现多维度、多角度、多角色、全渠道地处理问题，针对不同场景，生成低成本、高效率的最佳商品运输及配送服务。通过数字化，连接京东与品牌商家，打造选品、仓储、物流、售后、支付的智能供应链，实现服务、成本效率的最优解。

其次是"全链路"的供应链，从消费端到产业端各个环节都在优化和重构。众多品牌商家与京东达成合作关系，依托平台技术让用户、门店、库存互通互联，消费者收到商品的时间也一再缩短，实现线上线下融合，扩大交易范围、推动分工深化、提高生产效率、促进价值创造。

再次是"社会化"的供应链，京东通过与生态合作伙伴的合作，向更多领域渗透，调动各价值链所有环节的社会资源。例如，京东健康在精神心理科形成首诊判定、在线复诊、药品零售、诊后服务的闭环，节省了患者的时间、精力，提高了社会医疗资源的利用率。

组织机器在运转的过程中，要能及时为客户提供有针对性的个性化产品和服务，并同时实现组织运作的高效率。对业务供应链进行优化升级，就要求对组织也进行精简裁汰，使组织重焕生机。

1.3　系统打造组织能力

组织能力的打造共有 3 个方面：第一，塑造员工思维模式是解决员工意识问题，让员工想干事；第二，构建所需的员工能力是解决员工能力问题，让员工能干事；第三，提供管理资源和制度支持是解决内部体系问题，让员工干成事。3 个方面必须均衡发展，任何一个方面存在缺陷，另外两个方面都无法弥补。

1.3.1　以企业文化塑造员工思维模式

华中科技大学博士生张霁 2020 年入选华为"天才少年"项目，他拒绝国外企业的高薪招募，选择华为的原因是想和志同道合的人一起做有意义的事。张霁还称："我想在华为最艰难的时候加入，做出自己的贡献，帮助华为渡过难关，让世界刮目相看。"华为"构建万物互联的智能世界"的使命远比高薪更能吸引张霁。

【管理研究】使命的定义

使命是企业在社会发展过程中担当的角色与责任，是企业区别于其他组织而存在的理由，说明企业的业务领域、经营思想，为组织战略的制定提供依据。

使命能够激发员工的内在动力，人们也会因其肩负的使命而记住它。表 1-3 列举了国内外知名公司的使命和文化价值观，列出的每一家企业，无论是规模大小还是所处的行业水平，都形成了强大且独特的文化。

表1-3　国内外知名公司的使命和文化价值观

序　号	企　业	使　命
1	华为	构建万物互联的智能世界
2	百度	用科技让复杂的世界更简单
3	微软	予力全球每一人、每一组织，成就不凡
4	沃尔玛	帮顾客节省每一分钱

优秀的企业文化能够促进员工建立共识，维护企业内部秩序，提升员工组织忠诚度，塑造员工思维模式，激发员工为企业贡献的意愿与能力，为打造组织能力注入活力。

1985年，海尔集团前身青岛电冰箱总厂的厂长张瑞敏砸毁存在缺陷的冰箱，制定"品牌战略"；1991年，青岛海尔集团（以下简称"海尔"）成立，迎来多元化发展战略阶段；1997年，海尔参加世界家电博览会，向外商颁发产品经销证书，进入国际化战略阶段；2008年，海尔成为北京2008年奥运会白色家电赞助商，开启全球化品牌战略；如今，海尔已发展成为行业巨头。支撑海尔取得如此辉煌成就的正是每个海尔人都铭记在心的海尔精神和海尔作风。对海尔而言，企业文化（见表1-4）是指引着海尔前进的使命愿景和行动纲领，激励着每一个海尔人不满足于现状，勇于挑战自我。

表1-4　海尔的四代企业文化

时　间	海 尔 文 化	
	海 尔 精 神	海 尔 作 风
1984—2005年	无私奉献、追求卓越	迅速反应、马上行动
2006—2016年	创造资源、美誉全球	人单合一、速决速胜
2017—2019年	诚信生态、共享平台	人单合一、小微引爆
2020年至今	诚信生态、共赢进化	人单合一、链群合约

张瑞敏两次抢锤：第一次"砸醒"员工质量意识，"砸出"海尔品牌价值；

第二次"砸去"层层中间环节,"砸碎"传统管理模式。两次抡锤,都为员工建立了危机意识,把员工推出舒适区,让员工了解塑造新思维、打造新能力的重要性;两次抡锤,都是管理者率先垂范,都是树立典型模范、真正落到实处、建立长效机制的表现。海尔以企业文化重塑员工思维模式,不是凭借口号,而是凭借制度与行动。

优秀的企业能将其文化内化为员工的驱动力,塑造员工思维模式,"文化驱动"能够提升员工学习意愿,充分发挥主观能动性,为企业提供客户价值并实现自身价值。

【管理研究】员工思维模式的定义

员工思维模式是指员工在工作场景中的思维想法与行为方式,它可能与企业向员工传递的价值主张相同,也可能与企业的价值主张相背离,影响着员工每天工作的努力程度。

企业可通过表 1-5 所示的测评表进行自测,判断自己是否给员工提供了以下 7 个方面的内容,提供的内容数量越多,员工越有意愿跟随企业奋斗,在工作中会越投入,就越可以完成他们预期的工作任务。

表 1-5 员工思维模式测评表

序 号	指 标	具 体 解 释	评 估
1	愿景	目标与方向	是 否
2	发展	学习与成长的机会	是 否
3	激励	公平的薪资待遇	是 否
4	反馈	能接收工作的结果	是 否
5	归属	认可并接纳领导、同事、下属	是 否
6	沟通	知晓工作进度	是 否
7	灵活性	在一定范围内可以自主选择	是 否

员工思维模式的重塑并非一朝一夕之事，企业竞争对手也难以模仿、抄袭。企业管理者要有长远眼光，在塑造员工思维模式上坚持下去，为组织能力的构建打下坚实的基础。

1.3.2 打造组织能力所需的员工能力

员工能力是指员工在完成本阶段（或下阶段）战略任务时所需的知识、技能等综合素养。显然，员工能力十分重要，企业员工能力不足将使企业蒙受损失。企业的外部环境发生改变时，组织战略与组织能力随即做出调整，所需的员工能力也随之变化。企业如何打造组织能力所需的员工能力呢？戴维·尤里奇总结出了4个基本步骤（见图1-4），帮助组织管理者梳理强化员工能力过程该如何进行。

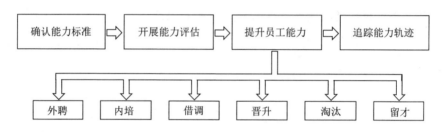

图 1-4 强化员工能力的 4 个基本步骤

（1）确认能力标准

要强化员工能力，首先要清楚企业内部的能力标准是什么。传统的做法是针对高绩效员工进行信息收集，梳理得出达成高绩效所需的能力。前文提到，客户的满意是检验组织能力的评判标准，因此现在更为有效的确认能力标准的方法是：分析客户的期望，提取关键信息，建立能力模型。能力模型指的是描述各任职类专业能力的内容及各任职级别的能力要求。企业可参考表1-6所示的能力标准确认要点来开展企业内部研讨工作。

表 1-6 企业能力标准确认要点

序　号	要　　点
1	目前企业内部已具备哪些专业能力和通用能力
2	未来的组织外部环境与组织战略是怎样的

续表

序　号	要　点
3	未来企业内部还需具备哪些专业能力和通用能力
4	为了更好地满足客户需求，我们还需具备哪些能力

接下来，企业可围绕问题展开充分讨论，获取高层管理者对基于客户导向的员工能力模型的认可。员工能力的打造需要集企业之资、聚全员之力，因此还需要在第一个步骤取得高层管理者的认可，这代表着企业对打造组织能力这项工作的重视，同时这对后续的工作开展也至关重要。

（2）开展能力评估

得到步骤一的能力标准后，企业就可以开展员工的能力评估了，目的是获取企业内部员工数量及能力具备情况。对于未来战略需要与客户需求，目前企业员工能力是否能够满足、还需加强哪些能力，这些信息企业必须了解清楚。

这一步骤常用的评估方法是员工自评，加上他人（领导、同事、下属）进行的全方位评估。基于客户导向，我们还可以邀请企业利益相关方（客户、供应商、投资者等）参与评估。企业应当选取了解员工情况、能有效做出评估的评估对象，对其解释能力模型及评估标准，避免主观评分。客观实施能力评估既可以帮助员工了解自身能力情况、提升方向，又可以帮助企业掌握员工能力信息，将员工工作与外部利益相关方联系起来。

（3）提升员工能力

在员工能力提升方面，缩小实际与目标差距的方法是进行能力优化。优化能力的方法共有 6 种，我们将统称其为"6B"工具（见表 1-7）。

表 1-7　员工能力优化的"6B"工具

序　号	方　法	具 体 解 释
1	外聘（Buy）	外部招聘获取新的人才
2	内培（Build）	内部培训帮助人才成长
3	借调（Borrow）	向合作方借调新的人才
4	晋升（Bound）	通过晋升选拔合适人才

序　号	方　　法	具 体 解 释
5	淘汰（Bounce）	淘汰不能胜任岗位的人才
6	留才（Bind）	留住核心的人才

过度依赖外部人员引进，会导致企业内部士气低迷、空降人才"水土不服"等副作用，相比外部寻觅人才，建立企业内部人才培养体系才是长远之计，只有建立有效机制，才能为企业发展与战略转型输送源源不断的人才。

（4）追踪能力轨迹

员工能力缺乏是一个长远性问题，企业应当建立长效机制从根本上解决，即应当建立人才管理办法来持续对员工能力提升情况、组织人才储备情况进行了解，不仅追踪员工能力情况，还应当对其职业生涯发展及其所需能力进行追踪。管理者的工作是管理，评估一个管理者，相较于他为企业创造了多少利润，更应该关注他为企业培养了多少人才。在移动互联网时代，人才比资本创造的优势更为显著。

1.3.3　提供管理资源和制度支持

企业员工拥有意愿和能力，就能够打造组织能力了吗？干成事还要求企业为员工提供管理资源和制度支持，倘使有意愿、有能力的员工无用武之地，这便是企业最大的损失。企业提供管理资源和制度支持最关键的是要做到责权利统一与信息共享。

（1）责权利统一

现代管理学之父彼得·德鲁克曾说过，当你让一个人承担一份责任的同时，别忘了赋予他相应的权力。只有责任、权力、权利三者统一，员工才能履行职责，为企业做出贡献。倘若责任缺位，权力就会被滥用，企业官僚主义肆行，损害其他员工的积极性；倘若权力缺位，员工做事会被束手束脚，引发员工抱怨，进而不作为；倘若权利缺位，员工很可能抵制不住诱惑，权钱交易时有发生，"贪腐"问题在企业中滋生。

海底捞正是因为在责权利方面做到了匹配统一，所以员工能够支撑起"贴心服务"的金字招牌。责任方面：在绩效考核上，海底捞考核两项——顾客满意度与员工满意度，他们认为营业额受多方面因素影响（如一些门店的选址就无法形成好的营业额），考核柔性指标既要求了员工的服务质量，又保证了顾客的消费体验。权力方面：一线员工有授权，相较于管理层，与顾客打交道更多的明显是一线的员工，提升他们的权力，能节省层层申报的时间，更快、更及时地解决顾客需求，给顾客提供更好的消费体验，使得海底捞品牌更具竞争力。与此同时，海底捞也做好权力的制度把关，在员工为顾客赠送菜品或免单之后，会做详细的记录，避免权力的滥用。权利方面：海底捞解决了员工衣食住行各方面的需求，海底捞将员工视为家人，员工则将海底捞视为自己的事业。

除此之外，企业还应当将突发事件的处理权限相对集中，避免烦琐的流程审批和会议讨论。德国发展银行的 3 亿欧元荒唐汇款正是因为应急流程长、权限分散导致的信息传达不到位、不及时，这应当给我们国内的企业敲响警钟。

（2）信息共享

因员工工作需要，企业应及时为其提供组织的战略及策略等有用的信息。很多企业不仅做不到这一点，可能还会提供错误信息，误导员工的决策。企业可通过多种渠道开展信息共享工作，但应当根据信息共享的目的来选取最合适的途径。图 1-5 对沟通的不同渠道与目的的适配效果做出了形象化表达，公告、通知、报告等都是企业常见的沟通渠道，这种静态载体能更快速、有效地传达信息，与发布信息这一目的相适配。如果管理者想促使员工的思想或行为发生改变，最有效的途径是面对面沟通交流，管理者的意见能更直接、更全面地传达给员工。

英特尔采取开放的沟通模式，通过多种渠道保持与员工的信息共享。当公司要向员工发布公司最新情况时，会选用员工简报的形式；当公司向全体员工介绍业务进展时，会选用网络聊天工具开展沟通，并及时答疑解惑；当公司想与员工进行绩效改进与工作要求沟通时，会选用一对一面谈、员工会议进行交流。

英特尔正是将沟通的渠道与目的相适配，提升了员工的信息共享意识，因此员工短期内即可融入团队，随时与同事、领导保持信息交流，进而减少了员工独断专行、妄下决策的事件发生。

沟通的渠道	沟通的目的	
	发布信息	促使改变
面对面沟通 （一对一）	差	好
集体沟通 （小组会议）		
交互式沟通 （电话、电子邮件）		
私密的静态载体 （信件、报告）		
公开的静态载体 （通知、公告）	好	差

图 1-5   沟通的渠道与目的的适配效果

每个企业应当基于自身资源与信息系统情况，合理调整信息的分享形式，信息分享的根本是为员工工作提供支持、为员工决策提供参考依据。只有了解事物的全面信息，员工才能通过不断优化产品、完善服务来留住客户，为企业的价值创造做出贡献。

1.4   有效管理组织能力建设

任正非曾说："任何一个人要不被时代所淘汰，唯一的办法就是学习、学习、再学习，实践、实践、再实践，只有取长补短，否则你一定会被淘汰。"组织能力建设也是如此，很多企业只注重理论学习（构建模型），却忽视实践应用（模型的落实），企业应当通过内部有效的管理避免此类形式工程的产生。

1.4.1　最高领导团队的判断和坚持是关键

企业的成功离不开领导团队的真知灼见，他们站在战略的高度来统揽全局，贯彻原则，脚踏实地，围绕战略打造组织能力，奋力牵引企业不断前进。组织能力最终能否在企业内部建设落地，关键还是在于领导团队能否在建设进度受阻时坚持推进，破除路障、顽疾。例如，当员工的能力模型建立后，很多企业最后还是唯绩效论，对其他维度结果视若无睹。华为面临干部标准制定问题，就亮明了自己的态度。

华为建立了一套标准化的干部选拔标准（见图 1-6），对于各部门、各层级的干部选拔，采用一套统一的选拔标准，核心内容有 4 个：第一，践行核心价值观是衡量干部的基础；第二，品德与作风是干部的资格底线；第三，绩效是必要条件和分水岭；第四，能力是持续取得绩效的关键成功因素，经验是对能力的验证。

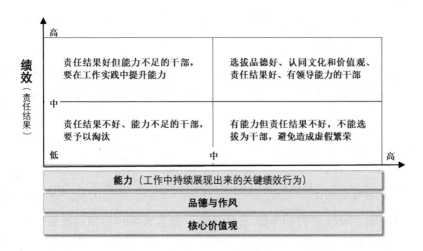

图 1-6　华为的选拔干部标准

对于干部的提拔，华为也有一套完善的流程体系。只有绩效在前 25% 的员工才具有提拔为干部的资格，但德行是具有一票否决权的，绩效与德行皆通过关键事件考核，真正做到能者上、庸者下、劣者汰。

组织能力的建设持续时间长、涉及人员广，许多环节牵一发而动全身，需要企业核心领导来主导推进，防范中途松懈、敷衍了事，保证成效，避免虎头蛇尾。

华为在做组织能力建设时就体现了任正非的决断力，在 IPD（集成产品开发）项目刚启动时，很多华为员工不理解、不支持，存在抵触心理。任正非就在项目启动动员大会上强调：

第一，坚决打击一知半解的投机派和不思进取的守旧派。长期理解不了 IPD 的要请出小组，在没有完全充分理解以前就表明一些东西，那是在出风头，这些人也应该把他们请出去。创新要在理解的基础上创新，可能是在 10 年、20 年之后。因此，当前要踏踏实实，沉下心来学习美国的方法。

第二，华为需要 IPD，各级部门要紧密配合。从主观上来说，华为希望在技术上有所发展，成为一个很优秀的公司，而且我们所进入的产品是长线领域而不是短线领域；从客观上来说，中国要参加 WTO，中国将开放信息产业，华为很快要与美国企业对阵了，打不赢就只能接受"死亡"或破产的结局，华为已经没有时间去摸索了。

第三，我们必须去努力学习 IBM，才能保证 IPD 业务变革的成功。华为和 IBM 将来在产品竞争领域上有互补性，而且 IBM 确实是世界上很优秀的公司，这个"老师"也表现出优秀的素质，而且他们非常的真诚，教授给我们的方法也是非常实用的。

尽管在项目期间不少高层领导、有功之臣离职，但华为高层对 IPD 项目的投入没有中断，最终华为的 IPD 项目取得了显著成效：产品研发速度加快，产品上市时间缩短，投资损耗浪费减少，产品开发成本降低，为华为带来了爆发式增长。

华为 IPD 项目的成功归功于任正非及其管理团队的精准判断和不懈坚持。当企业领导团队对组织能力建设工作不重视或存有误解时，我们应当敢于和团队成员沟通，消除他们的误解并引起他们对相关工作的重视，帮助领导团队理解组织能力对员工个人和企业的价值，获取他们对组织能力的打造与建设工作的长期支持。

1.4.2　组织能力建设不仅仅是人力资源部门的事

很多企业的组织能力建设项目都是领导"拍脑袋"决定的，之后便甩手交给人力资源部门，然而，仅凭人力资源部门是无法织好组织能力这张大网的。组织能力的建设耗时长、投入大，需要企业全体员工的认可与支持，其实除了人力资源部门，还特别需要企业内部的两大人群：CEO 与一线管理人员。

（1）CEO

CEO 在企业内部拥有最终的执行权力，是企业中的最高行政人员，他的态度影响着企业资源投入情况与员工的努力程度。所以，要想建设好组织能力，CEO 需要重视这项工作，并且要关注其他管理者的组织能力建设进展，在建设关键时期保证项目的持续进行。领导团队还需要正视自身的转变需要，这是组织能力建设中最困难的环节之一。企业的成功多凭借创始人及其管理团队中的个人才能不断壮大，但企业不能一直沉浸在这种环境当中，否则就会深陷危机而毫不自知。

当任正非被问及，全球所有的分公司，他自己或轮值 CEO 都经常会去吗？他回答道："我去得不多，他们也去得很少。我们不是靠人来领导这个公司，我们用规则的确定性来对付结果的不确定。人家问我'你怎么一天到晚游手好闲？'，我说，我是管长江的堤坝的，长江不发洪水就没有我的事，长江发洪水不太大也没有我的事啊。我们都不愿意有大洪水，但即使发了大洪水，我们早就有预防大洪水的方案，也没有我的事。"

如今，领导者需要成为组织的引领者，而不是权力的占有者。领导者不应强迫员工接受指令，而要引领团队赢得支持；不应事无巨细、亲力亲为，而应赋能、授权下属员工，为员工的才能发挥提供一片广阔天地。

（2）一线管理人员

CEO 对组织能力建设的重视和关注，还需要一线管理人员进行传达。一线管理人员是基层员工的直线领导，对于组织能力建设项目予以等同的重视。在评估阶段投入时间、精力，将真实情况反映；在反馈阶段帮助员工调适心理，接受能力报告内容，制订提升计划；在执行阶段落实提升计划，对员工持续跟踪关注。只有经过长期的坚持投入，组织能力建设才不会成为形式主义产物，才能真正帮助企业系统建立组织能力。

很多企业为快速响应客户需求，将企业内部划分成具备业务能力的综合作战小团队。此时，对于一线管理人员的能力要求就有所改变，一方面，他们应当更具领导力、判断力、执行力等通用能力；另一方面，小团队拥有单独的人事、财务决策权，他们应当具备人力资源管理与财务方面的专业能力，能够支撑团队的正常运行。

（3）人力资源部门

有了 CEO 的认可与关注，一线管理人员也调动了团队给予支持，人力资源部门也要开始行动了。人力资源部门应当以人才为中心，通过掌握的组织能力建设方法与工具，向企业员工做好组织能力的宣传培训工作，帮助员工理解组织能力和掌握工具的使用方法，在实施过程中保证信息沟通传递渠道的畅通，持续推进组织能力建设工作的进展，将建立好的诊断模型在企业内落实，切忌生搬硬套。例如，有的人力资源部门将华为组织架构、阿里巴巴管理模式、阿米巴组织等在不考虑自身基础的情况下套用，画虎不成反类犬，造成企业内部责权利的混乱、信息传递困难、流程堵塞等严重后果，影响正常经营业务的开展，危及企业生存与发展。

1.4.3 定期诊断组织能力建设情况

企业外部环境的不断变化、组织能力建设的长期性使得组织能力建设成为一个不断学习和调整的过程，只有不断关注外部环境变化，分析企业竞争优势，开展组织能力建设活动，才能稳固乃至抢占市场领先地位。

M 公司以先进的生产技术与优秀的产品质量在行业内久负盛名，产品的市场占有率约为 33%。M 公司于 20 世纪末创立，目前有 6 家工厂，近千名员工，业务发展趋势良好，在市场高占有率的情况下，还保持着每年的持续增长。但是，公司的销售额主要来源于主营业务产品，产品结构集中，非常依赖大客户，且近些年，因为多项成本的上涨，新业务的发展也渐渐落后于竞争对手。公司目前盈利能力逐渐衰微，所以公司开始持续打造组织能力，保持企业竞争力。

M 公司以往采取的竞争战略是"聚焦主营业务的成本领先战略"，一直专注于主营业务领域并在行业内拥有成本领先的竞争优势；近些年，M 公司将竞争战略转型为"差异化战略"，并提出新战略目标——强主业，稳新业。这代表着 M 公司将在保证主营业务产品的基础上，做宽、做大新业务产品。

M 公司长期以来的竞争优势如下：公司是行业的先行者，是研发生产技术的领头羊，拥有多项技术专利，机器设备也是顶尖级别的。M 公司最开始成功的原因有三点：精简、快速、高追求。"精简"是指在公司规模逐渐壮大的同时，避免臃肿，保证组织架构的精简高效；"快速"是指面对市场变化迅速了解并行动；"追求"是指在取得行业成就时保持清醒，追求更多的成长和更大的进步。这就是公司一开始的组织能力，它为 M 公司保持了竞争优势，但外部环境的变化，使竞争对手也建立了相关组织能力，M 公司的领先地位受到了挑战，亟须构建新的组织能力。

M 公司战略转型提出新战略目标后，对不同产品市场进行战略细分，并确定直接相关的核心组织能力。M 公司从新战略角度出发，分析组织外部环境、结合组织内部资源、明确公司核心组织能力，将组织能力调整为"创新、敏捷、高质量"。M 公司通过创新提升产品、设备的工艺水平，提倡全员创新，产品以市场和客户为导向；推动敏捷应对市场环境的不确定性，提高产品生产效率，缩短打样周期，加快交付期限，优化解决问题方案；提升品牌口碑，以产品的高质量来稳定公司的市场地位。

M 公司围绕战略，打造出了新组织战略制定的组织能力建设的相关活动，如表 1-8 所示。

表 1-8　M 公司组织能力建设的相关活动

活　　动	员工思维模式	员 工 能 力	管理资源与制度支持
1	组织能力宣传	IPD 项目	组织架构优化
2	企业文化	管培生项目	流程优化
3	绩效管理	内训师项目	SAP 系统应用优化
4	目标责任制	人才梯队计划	—

注：SAP（System Applications and Products，企业级管理软件解决方案）。

　　通过对组织能力的不断建设，M 公司目前仍在其行业领域中处于领先地位，每年业务销售额稳定在 10% 左右，专利产品和商标持续增多，新业务的技术和产品也建立起优势，这都与该公司长期重视组织能力建设、诊断组织能力建设情况、更新组织能力密切相关。

　　没有没落的行业，只有没落的企业。处于领先地位的企业应当保持危机感，不要被营业额的增长、市场的高占有率所蒙蔽，应该保持定期诊断组织能力的建设，不断对自身进行评估，找准企业竞争的优劣势，重视人才培养和组织能力的打造，这样才能把握住未来遇到的机遇，以实现企业基业长青的愿景。

第 2 章
组织诊断与分析

　　爱因斯坦曾说过，提出一个问题往往比解决一个问题更重要。组织诊断是根据企业自身所处情境选择恰当的模型工具来发现组织目前的问题，为企业找准发展的竞争力，确保组织能力建设万无一失。

2.1　组织诊断的内涵

组织诊断能让企业掌握组织现状，系统认识组织诊断的概念、意义及方法能帮助我们更加客观、全面、准确地看待组织问题，进而厘清问题脉络，确定优化方向，找准变革切入点。

2.1.1　组织诊断的概念和意义

随着企业外部环境的不确定性增加，企业面对的困难逐渐增多，出现的问题也愈加多样化。为了发展壮大，企业需要通过组织诊断，不断对其现状进行评估、分析，及时发现并解决目前存在的问题，使得企业的建设工作更具有针对性。

【管理研究】组织诊断的定义

组织诊断是指在对组织的战略、结构、运营、文化、人员及环境等因素的综合或专项分析与评估的基础上，确定组织是否需要变革，撰写建设性的诊断报告，提出一系列改进措施的活动。

组织诊断遵循的原则有 3 个：以事实为依据、严格的结构化、以假设为导向。组织诊断与分析问题时不能停留于表面，更应深挖企业经营和管理问题的本质原因，也就是找出问题背后的经营要素，这样企业才能找准变革的突破口，摆脱企业管理困境，提升企业综合的竞争力。

1998 年，华为在外依靠产品开始抢占市场份额，在内《华为基本法》酝酿而成，整个企业呈现一派欣欣向荣的景象，但管理仍是制约华为发展的显著问题。任正非邀请 IBM 顾问前来华为深圳总部开展调查。在对华为进行了系统而细致的调研访谈后，IBM 顾问对资料进行了深度分析，给出了华为的诊断结论，提出的问题十分尖锐（见表 2-1）。

表 2-1　IBM 顾问对华为管理问题的诊断（部分）

序　号	问　题
1	缺乏准确、前瞻的对客户需求的关注，反复做无用功，浪费资源，造成高成本
2	没有跨部门的结构化流程，各部门都有自己的流程，但部门流程之间是靠人工衔接的，运作过程割裂
3	组织上存在本位主义、"部门墙"，各自为政，造成内耗
4	专业技能不足，作业不规范
5	依赖英雄，这些英雄的成功难以复制
6	项目计划实施混乱，无效项目混杂其中，无变更控制，版本泛滥

在诊断报告会上，IBM 顾问直言不讳地指出华为目前的管理问题后，任正非表情凝重，因为这正是华为问题的症结所在。于是，他示意 IBM 顾问暂停汇报，然后将公司其他副总裁和总监级干部全部都叫到会场，由于位置有限，大家席地而坐。汇报结束后，任正非庆幸地说："这次请 IBM 当老师请对了。华为就是要请这种敢骂我们、敢跟我们叫板的顾问来做项目。"

华为之所以能够坚持变革并取得成功，就在于其能够通过组织诊断与分析找出自身管理的问题，明确组织变革的关键要素——5W1H，开展科学合理的变革项目，改变组织现状（见图 2-1）。

| Why
为何变 | What
变什么 | Who
谁来变 |
| When
何时变 | Where
切入点 | How
怎么变 |

图 2-1　组织变革的关键要素

此外，组织诊断可以帮助企业 CEO 及其领导团队及时、客观地了解企业是否具备执行战略的组织能力，而且能在一定程度上改变公司高管对变革的认知，使他们形成对变革的共识，这样可以缓解变革的阻力，有利于推动变革的进行。

企业对外可以与行业先进进行对标，认知企业在市场竞争中的优劣势及与行业前列的差距；企业对内能够归纳总结内部普遍问题的根源所在，帮助管理层听取员工真实的声音，打通员工向上反馈的渠道，帮助企业围绕现有问题制定相关行动措施、打造组织能力，更好地实现战略落地。

2.1.2 以"剥洋葱"的方式识别组织问题

很多企业在规模做大以后管理问题频发，这些问题是由多方面因素导致的，但企业往往只是"头痛医头，脚痛医脚"，治标不治本。究其根源是管理者安逸于舒适区，在复杂问题面前止步。为了有效解决管理问题，减少企业的损失，管理者应当像"剥洋葱"一样，克服自己内心的懦弱，勇于面对企业的问题，一层一层"剥"去表象，针对核心问题"施药"，做到治标也治本。

（1）对于问题应当深思熟虑，避免不加思考地轻易决策

慎重则必成，轻发则多败。面对问题应当抓核心，抓住主要矛盾，工作安排围绕核心问题而展开。核心问题总是披着一层层的表象，揭开表象是需要下大功夫的。很多管理者为了省时间、省精力，一味追求工作效率，常常轻易做出判断，最后却事倍功半甚至一事无成。

某项目经理听闻目前项目工作进度慢的原因是人员能力不足，于是马上安排了培训指导，但问题的真实原因其实并不是人员能力不足，而是缺少相关权限，导致员工无法施展才华。

一旦管理者先入为主做出判断，其后就很难改变已有观念，而从错误的原因入手并不能有效解决问题，企业问题的危害还可能随之加大。

（2）对于问题应当综合考虑，避免视角单一、思维定式

企业内部，尤其是大型企业往往等级严格、机制僵化，这就要求企业在思

考问题时，打破"部门墙"等重重阻碍，部门之间通力合作，组织内外集思广益。

笔者对某企业组织责权现状进行了全面的调研诊断与分析（见图 2-2），发现组织责权问题的原因是多方面的，首先是部门职能不明确，既存在部门事务繁杂、定位不清晰的问题，又存在任务与权力分配不平衡的问题。与此同时，笔者还发现该企业岗位设置不合理：一方面，在某些关键业务流程环节缺少相应的岗位；另一方面，岗位设置模糊，岗位职责也不够清晰。

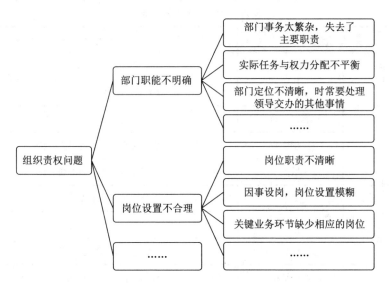

图 2-2　某企业组织责权现状分析图

这些现象的存在使得该企业缺乏基层的信息拉通，业务部门相互独立、缺乏协作交流，不利于企业的长远发展。问题分析到最后，真正需要做的是明确界定各部门、各岗位责权，建立规范化的制度和标准，确保员工各司其职，共同为企业的发展贡献力量。

不同的主体参与思考，通过各自的视角审视问题，这使得观点更加多样化，更能将问题的原因思考全面，从而减少领导个人做决策可能存有的片面性。

2.1.3　组织诊断的核心维度

从组织发展的角度来看，各个核心要素在性质方面存在差异，适应市场形势的调整也快慢有别。某些要素的迅速变化被其他要素所制约，造成不平衡、不匹配，进而以问题的形式呈现出来，如扁平化组织结构与管理滞后的高度集权会引发决策拖延、效率低下等问题。战略、组织水平、管理支撑3个核心维度内在逻辑紧密且架构全面清晰，能够帮助我们快速完成对组织问题的梳理和整体判断（见表2-2）。

表 2-2　组织诊断的核心维度

核 心 维 度		解 释
战略	战略一致性	公司上下的战略目标是否一致
	战略认可度	员工是否理解、认同战略目标
组织水平	客户导向	产品、服务是否满足客户需求
	创新	公司是否鼓励支持团队创新
	敏捷	公司能否快速感知市场变化
	成本	公司是否注重降低成本
	品质	公司是否注重产品和服务质量
	战略执行力	战略计划能否被高效执行
管理支撑	组织结构	公司部门分工和协作是否高效
	信息沟通	公司的信息交流渠道是否畅通
	流程管理	公司管理系统能否支撑业务作战需要

我们将战略作为观察组织问题现状的第一个维度，因为战略会明确方向与共识，是组织中长期的目标和定位。美国战略管理专家哈默尔和普拉哈拉德曾认为，一个雄心勃勃的宏伟梦想，是企业的动力之源，它能够为企业带来情感和智能上的双重能量，借此企业才能迈上未来的成功之旅。

第二个维度选取的是组织水平。战略在组织中落地还必须依靠较高的组织水平，如资源的配备、人员的协调、产品的优化、机遇的把控等组织活动全要依托组织水平的提升来实现。

管理支撑是我们确定的第三个维度。物理学家薛定谔曾做出一个形象的比喻，他将组织比作人体，组织架构就是人体的骨架，而组织的众多管理支撑机制就是人体的一个个器官。正是这些关键的管理系统和流程设计的运转和动态优化，才能确保组织整体的常态化发展。

企业发展所处阶段不同，对于核心要素的需求也会不同。受其特性和其他条件的影响，各要素之间的发展往往不同步、不均衡，进而引发一系列问题。在分析组织的管理问题现状时，企业从厘清这些要素的匹配关系切入，可以快速完成对核心问题的识别与把控。

2.2 组织诊断的底层逻辑

为了准确识别组织存在的问题，企业应当建立一套完整、合理的组织诊断流程：确定组织诊断目标，界定诊断框架、选择适宜的诊断模型、设计诊断工具，调研并撰写解决方案。

2.2.1 确定组织诊断目标，界定诊断框架

当组织开始进行诊断的时候，第一步就是确定本次组织诊断的目标，这是最开始也是最重要的一步。确定组织诊断目标的 5 个要素，如表 2-3 所示。

表 2-3 确定组织诊断目标的 5 个要素

序　号	要　　素	具 体 解 释
1	项目目的	开展此次组织诊断项目的目的
2	发起方	CEO、领导团队，或组织业务部门
3	支持方	其他层级和部门，有时还包括客户
4	参与方	组织内外成员，包括参与时机、参与形式及作用
5	项目产出	结论、报告及其应用

其实，这5个要素的确定通常都与组织诊断的时间点选择紧密相关。以项目目的为例，表2-4总结了常见的组织诊断时间点及目的。

表2-4 常见的组织诊断时间点及目的

序　号	时　间　点	目　的
1	组织战略转型	确认组织能力
2	公司兼并收购	组织情况摸底
3	组织架构调整	寻找风险因素
4	领导团队更换	运营状况调查

确定好组织诊断目标后，接下来就是界定诊断框架，通过模型要素选择矩阵，来有效选择测量方法及工具。图2-3所示为一张模型要素选择矩阵图，矩阵图分为两部分：第一行包含3个层级——战略层、组织层、个人层，每一层级还包含许多要素；第一列为多个组织诊断模型。

诊断模型	战略层	组织层					个人层		
	目标	结构	流程	机制	关系	文化	领导力	人才	动力
麦肯锡7S模型	√	√		√		√	√	√	
"六个盒子"	√	√	√	√	√	√	√		
BLM模型	√	√	√	√		√	√	√	
"杨三角"模型	√	√		√			√	√	√
……									

图2-3 模型要素选择矩阵

在进行组织诊断时，诊断的要素选择得越多，诊断就越全面，但相应的模型就越复杂，流程就越漫长，人员需求就越多，所以企业的成本就越高。

2.2.2 选择适宜的诊断模型

在确定了组织诊断的目标和框架后，选择组织诊断模型应当综合考虑自身的企业文化与业务水平，一味地套用模型只可能适得其反。目前，常用的组织诊断模型有麦肯锡 7S 模型、韦斯伯德六盒模型（"六个盒子"）、BLM 模型及"杨三角"模型。

麦肯锡 7S 模型由麦肯锡管理咨询公司设计，并在数十个大型组织中进行过实践。该模型指出，企业的核心要素有 7 个部分，分别是战略、结构、制度、风格、员工、技能、共同价值观，它们互相联系，如图 2-4 所示。其中，战略、结构、制度被认为是"硬件"，风格、员工、技能、共同价值观被认为是"软件"。硬件和软件同等重要，7 个要素必须均衡发展，组织才不会出问题。组织管理者可以运用麦肯锡 7S 模型分析组织现状及未来预期水平，并找出其中的差距和突破点。

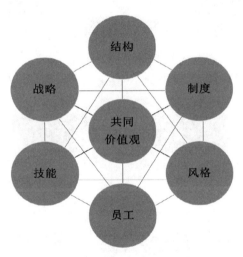

图 2-4　麦肯锡 7S 模型

韦斯伯德六盒模型，2013 年作为阿里巴巴的诊断模型而被广为了解。"六个盒子"代表着审视组织现状的 6 个维度，包括使命 / 目标、结构 / 组织、关系 / 流程、激励 / 奖励、支持 / 工具、管理 / 领导，如图 2-5 所示。这个模型简单且实用，从组织内部全面了解自身情况，在难以预测、不确定性的现实与规范、理想的未来搭建起连接通路。

BLM 模型，全称 Business Leadership Model，中文译为业务领先模型，最早是由 IBM 与两位商学院学者共同研发的。模型共有 4 个部分，中间是战略部分与执行部分，底部是价值观，顶部是领导力，如图 2-6 所示。为了进行组织诊断，主要关注战略与执行部分，它们又各被分为 4 个组成部分，战略包括市场洞察、业务设计、创新焦点和战略意图，执行包括氛围与文化、正式组织、人才和关键任务。这两部分是产生公司现状与期望值之间差距的原因，这就为组织诊断提供了切入点。

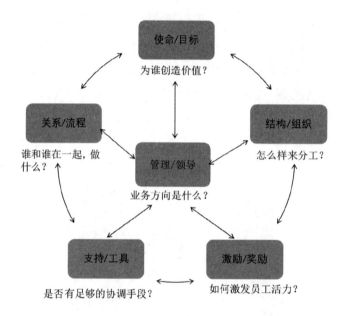

图 2-5　"六个盒子"

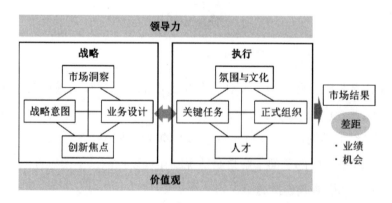

图 2-6　BLM 模型

"杨三角"模型是指由杨国安教授提出的"组织能力杨三角"，即企业持续成功需要业务战略与组织能力的双重支持，而战略的落地关键在于组织能力，组织能力又有 3 根支柱，分别是员工能力、员工思维、员工治理，如图 2-7 所示。第一根支柱员工能力解决"会不会"的问题，第二根支柱员工思维解决"愿不愿意"的问题，第三根支柱员工治理解决"允不允许"的问题。3 根支柱要做到平衡且匹配，平衡是指 3 根支柱不能有短板，匹配是指 3 根支柱的重点必须围绕组织能力设置。"杨三角"模型的核心就是从每一个维度（支柱）去设计一系列诊断的相关问卷，进而了解公司在这些方面的现状和问题。

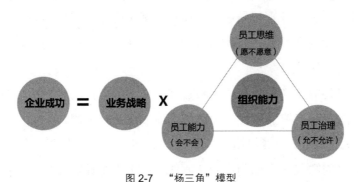

图 2-7　"杨三角"模型

组织选择诊断模型不能随大流，而应该基于目前自身的情况，综合考虑诊断目标、组织形态、组织发展阶段、模型维度等多方面因素，做到因时制宜、因事制宜，选择适宜的模型对组织现状进行诊断，发现组织优化的方向，找准切入点，不断提升管理能力和业务水平。

2.2.3　设计诊断工具，调研并撰写解决方案

组织诊断常用的方法有问卷调研法、访谈法、资料分析法、观察法、工作坊等。组织诊断的方法应当根据组织诊断的目的和要求来选择，每种方法都有优点和不足，并非每种方法都要用上，也不是流行的方法就适用于自己企业的组织诊断。

问卷调研法是组织诊断调研中广泛使用的一种方法，主要优点在于标准化和成本低，能在短时间内调查大量样本；不足在于填写人可能由于种种原因会对问题给出虚假或消极的回答，对于这类回答无法进一步确认。问卷的设计要求问题规范且答案可计量，并配有填写说明。问卷问题有两种：开放型问题

（如您在工作过程中，经常面对的困难或问题有哪些？）和封闭型问题（如您认为分析市场环境信息任务的工作难度是高、中还是低？）。通过对两种问题的灵活使用，企业便可获得详细、完整的数据信息。

访谈法是指通过面对面交谈来获取调研信息的方法，主要优点在于灵活、准确、深入、适用面广；不足在于成本高、需要专业的访谈人员、访谈对象夸大事实等。访谈法根据访谈对象数量分为一对一访谈和集体访谈。一对一访谈是访谈人员与访谈对象直接接触，从而获取真实可靠的信息的方法。这种访谈形式有利于访谈对象详细、真实地表达观点，访谈人员也能适时深入追问，是访谈法中最常见的形式。

除此之外还有资料分析法、观察法和工作坊等。资料分析法省时、省力、效率高，但收集信息有局限性，一般与其他方法结合使用，为下一步工作开展提供理论基础；观察法费时费力，但可以观察真实工作场景，使判断更加有效，适合诊断对象是一个部门或团队时使用；工作坊针对性强、形式灵活、费用较低，通过讨论交流相关话题可以快速得出所需的一些结论。

为了组织诊断调研的有效开展，应当根据诊断目标、诊断框架，综合运用多种方法。

2019 年年底，某公司体制问题严重，公司决策难，管理者疲于应付关系；员工中关系户多，缺少进取精神；薪酬与工作贡献不匹配等，缺乏员工激励机制。总经理希望笔者为其开展一次组织变革与价值分配项目，为此笔者对该公司进行了一次组织诊断，诊断目标是评估当前员工和各级管理层对企业战略的认知情况、各部门和员工对自己职责的认知情况、企业绩效管理现状及员工对薪酬的满意度，盘点企业的人才等。接着选择"杨三角"模型作为诊断模型，笔者从战略、组织水平、管理支撑 3 个维度设计开发了调研问卷、访谈提纲及资料清单等组织诊断工具。

2020 年年初，笔者联合其他同事组建项目组，项目组成员经过学习和培训后，进入该公司开展调研，调研信息及数据如表 2-5 所示。

表 2-5　诊断数据及情况介绍

访 谈 调 研	问 卷 调 研	资 料 分 析
一对一访谈	基于角色类型设计问卷	整理和分析历史资料
高层领导 6 人 中层领导 13 人 业务线 5 人 客户 4 人	客户代表 19 份 业务管理者 6 份 业务人员 90 份 职能管理者 15 份 职能人员 42 份	组织架构/部门设置、工作计划、岗位说明书、管理制度、绩效文件、工作日志、人才梯队、竞聘管理等
共访谈 28 人 整理访谈记录 288 408 字	整理分析 172 份问卷	审读分析资料约 40 份

通过对诊断数据的分析，项目组最终给出的解决方案是：①建设以客户需求为导向的业务战略和营销体系，并层层分解到所有员工的每项工作中；②开展组织优化和责权体系建设，以明确各部门和员工职责，促进协同作战；③建立健全绩效管理与薪酬体系，驱动员工更好地服务客户，创造价值；④开展人才发展规划与能力建设，提升企业对人才"选、用、育、留、流"的管理能力，强化以"人力资本"为引擎的组织竞争力。

从案例中可以看出，调研后公司需要收集调研信息并进行分析，撰写解决方案。其中，解决方案既有来自项目组对于组织当前问题的分析，也包含访谈中部门管理者对问题提出的不同视角的理解及建议。解决方案的制订必须具有针对性，这也是之后组织变革成功的保障。

2.3　组织诊断工具："杨三角"模型

"杨三角"模型主要关注员工主体，杨国安解释道：模型中的员工并不是仅指基层的员工，而是指公司内所有拿工资的人。其中，中高层管理者应该为主要成分，他们的能力、思维、治理方式将在组织能力的形成中起到举足轻重的作用。

2.3.1 诊断组织能力的"杨三角"模型

杨国安认为组织能力是一个多人团队所拥有的整体战斗力，是团队竞争力的基因，是一个团队在某方面能超越竞争对手、为客户创造价值的能力。组织能力有 3 根支柱。

（1）员工能力

第一根支柱是员工能力，即企业全体员工所拥有的知识、技能和素质，它需要适配组织战略，能够建立并维持组织能力使得组织战略落地。

《纽约时报》在 2004 年提出，谷歌成功的一个很重要的原因就是有一个神秘军团——全部由博士生组成。谷歌还偏爱名牌高校毕业生和成绩优异的学生，这些条件能在一定程度上反映他们的责任心与才智。在当时，近两千人的谷歌创新力远超拥有 3 万名员工的微软。正是谷歌岗位上的这批研究能力强、动手能力强的员工，他们能更出色地完成工作任务，使得谷歌能遥遥领先其他同类公司。

那么，企业如何提升员工能力以适配组织战略发展呢？首先，建立员工能力胜任模型；其次，根据胜任模型开展能力审查和规划；再次，寻找与培养符合要求的员工；最后，创新落实"留才"措施。

（2）员工思维

第二根支柱是员工思维，是指企业全体员工在工作中的所思所想及思考模式。战略所指，员工所向，员工应该具有向战略看齐、为使命奋斗的意愿。

任正非十分重视对员工的"主人翁"意识的培养，他要求华为人摆正自己的位置，工作时要积极参与，与华为同呼吸、共命运，让公司和个人不断发展。对此，任正非说过这样一段话：

"有人说：我是打工的，我拿这份工资，对得起我自己。我认为这也是好员工，但是他不能当组长，不能当干部，不能管 3 个人以上的事情，因为他的责任心还不够。打工，也要负责任，在生产线出现的一个很小的错误，如果当场解决后，浪费的财产可能是一块钱；当我们把这个机器装到现场的时候，造成的损失至少是一千块钱。间接损失包括社会影响、包括客户对我们的不信任，这个损失绝不是一千块钱可以衡量的。这样损失了你涨工资可能的空间，因为利润已转化为费用，拿什么来提升？"

任正非强调，华为要想不断提高核心的竞争力，保持持续增长的发展势头，就需要有一群责任心很强的员工，这些人能够站在公司发展的角度思考和行事，与华为同舟共济，而不是对什么工作都无动于衷，甚至会逃避责任人。

企业如何重塑员工思维以调动员工意愿？首先，确定期望的员工思维模式；其次，审视现有的员工思维模式；最后，制定思维模式改革战略。

华为大学的课程很多，但文化课程占了一半，例如自我批判、艰苦奋斗、诚信、创新、团结合作、互助、责任心与敬业精神、服从、以客户为中心等。华为希望借助这些培训，让员工认同、接受并融入华为的价值观，从而让员工的思维与企业文化同频。

（3）员工治理

第三根支柱是员工治理，是指以制度体系为载体，组织架构、集权分权、平台流程等应当支撑战略、支持员工，为员工才华施展搭建舞台，为战略落地提供土壤。

小米实行的扁平化组织架构没有太多的层级，只有基本的 3 个层级：领导团队—部门主管—员工，绝大部分员工没有设置职位，都是工程师，不设 KPI（关键绩效指标）考核，不为创新而创新，只为用户而创新。对部门主管和员工高度授权，及时根据用户反馈进行产品迭代，提升公司运营效率，为用户提供极致的产品服务体验。

一个优秀企业的员工治理方式应当责权明确、流程清晰、信息流畅，组织层级和架构适配组织的规模与市场环境。

2.3.2   "杨三角"模型在实践中的应用

2008 年，杨国安作为高级管理顾问加入腾讯集团（以下简称"腾讯"），目前还兼任腾讯青腾大学教务长、总办成员。腾讯的组织创新变革与组织能力打造都离不开杨国安的出谋划策，包括 2012 年和 2018 年的两次重大调整。2018 年 9 月 30 日，腾讯进行重大组织架构调整，杨国安担任"总设计师"，腾讯"9·30 变革"深受"杨三角"模型的影响。腾讯业务架构，如图 2-8 所示。

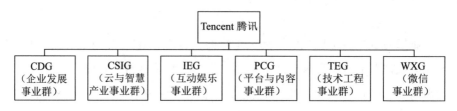

图 2-8   腾讯业务架构

一方面，外部环境发生变化，5G、人工智能、大数据和云计算技术发展迅速；另一方面，集团内部矛盾重重，腾讯出现"大公司病"，员工满意度连年下降，跌破 85% 标准线，引发腾讯总办关注。腾讯在深耕 To C 基础上，开始向 To B 转身，这将是一次彻底的变革，以激发腾讯的创新斗志。

杨国安提倡所有总办成员共同诊断问题，提出方案，达成共识。经过诊断，最后发现的问题如下：①各个事业群尝试 To B 业务，流程重复，相互冲突；②干部队伍老化，安逸守旧，失去创新能力，缺乏进取精神；③组织架构分散，平台内容与技术能力分布在不同的事业部。在发现问题后，规模庞大的腾讯迅速开展相关调整行动。

（1）员工能力

腾讯员工、团队应具备 To B 业务的相应知识、技能和素质。由新成立的 CSIG（云与智慧产业事业群）抽调了集团内部的很多技术后台人员加入，在一定程度上保证了员工的高素质能力，团队也一直在深挖不同领域的客户需求与客户痛点，并通过内部培训与外部招聘不断打造团队能力。

（2）员工思维

一方面，在文化价值导向上，CSIG 整合 To B 业务团队，由用户导向转变成客户导向，关注客户口碑，还对使命愿景进行了升级，明确提出"科技向善"；另一方面，在员工激励上，To B 的业务流程长，从技术的研发到变成产品，再到变成每个行业的解决方案、销售、实施、维护，这样的业务特点要求激励制度要与客户最终是否满意相关。价值观强调进取，提出无功便是过，呼吁员工勇于突破、有担当。

（3）员工治理

对组织架构做出调整，将部分事业群业务重新组合，搭建 To B 业务流程链条：成立 To B 业务统一对外窗口 CSIG，新增 PCG（平台与内容事业群），技术委员会等架构。CSIG 是腾讯 To B 业务的对外窗口，能集中腾讯更多的时间和资金，集中创新团队力量专注于做 To B 业务；其他事业群则是火力部队，各个事业群通过 CSIG 对外输出产业互联网业务。为了加强内部技术开放共享和协同共建，腾讯成立了技术委员会，推动业务在云上全面整合，还成立了 PMO（项目管理办公室），负责推动各项管理和文化的升级和深化。

"9·30 变革"最重要的是将消除内部的跨部门交流障碍，理顺流程，打造好组织平台，把技术产品化和平台化，将来使组织更好发力。

2.3.3　"杨三角"模型的应用步骤

在组织诊断中应用"杨三角"模型的标准流程包括以下 4 步（见图 2-9），需要我们选择合适的研究方法开展调研，如果组织诊断内容较多，且项目组实力足够，那么推荐综合使用多种研究方法。

领导团队研讨　开展访谈调研　数据分析诊断　输出解决方案

图 2-9　"杨三角"模型的标准流程

（1）领导团队研讨

首先是与核心领导团队对组织架构问题、战略问题、经营问题等进行梳理，找到诊断方向。统一变革共识尤其重要，最核心的任务就是让最高领导团队达成共识，获取领导者对于变革的支持。其次，最高领导团队达成共识后，逐步扩大会议规模，随着中层管理者的加入，要进行更深层次的讨论，将战略目标分解，达成价值共识，提炼中层管理者讨论问题的共性。

（2）开展访谈调研

在这个过程中，多采用一对一面谈的形式，辅以问卷调研法、资料分析法等研究方法。在调研对象的选取上，主要包括3类人：第一类就是业务主管，记录他们对于访谈提纲上每个问题的回答；第二类是业务人员，他们必须是团队中的骨干、精英，员工访谈数量根据组织规模来确定；第三类是客户代表，客户导向仍是新时代的主要特征，访谈客户能有效提升组织客户导向建设工作。

（3）数据分析诊断

得到上一步的数据后，对访谈记录进行整理，如果使用了多种研究方法，还要对问卷数据进行归纳，对企业资料进行审读、提炼等。对得到的数据进行分析，将反映的困难与问题进行归纳。组织能力哪些做得出色？改进方向又有哪些？管理者和员工的观点是否一致？观点的差异在哪些方面？出现差异的原因是什么？诸多问题都是我们在诊断与分析时所需要考虑清楚的。

（4）输出解决方案

根据分析结果得出诊断的结论，并输出相应的解决方案。解决方案要告知企业4个方面的事情：首先，哪些方面是需要去保持（Keep）的；其次，哪些方面是需要得到改善（Improve）的；再次，哪些方面是需要立刻停止（Stop）的；最后，还有哪些方面是要马上行动（Start）的。这也就是所谓KISS管理法，最终的解决方案也可以从这4个维度去向组织呈现。

2.4　组织诊断工具：BLM模型

BLM模型建立之初并不是用于组织诊断的，因模型涉及的组织系统要素特别全面，才被广泛应用于组织诊断场景中。因此，它不仅是一个战略诊断的模型，更是帮助组织中高层管理者实现战略制定与执行的方法与平台。

2.4.1　诊断组织战略设计情况

BLM 模型中战略规划模块划分为 4 个相互影响、相互作用的核心维度，分别是市场洞察、战略意图、创新焦点和业务设计，企业领导团队要从这 4 个方面系统思考、切实分析应该如何制定组织战略（见图 2-10）。

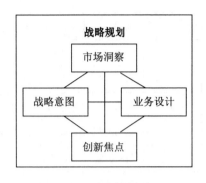

图 2-10　BLM 战略规划模块

市场洞察是指掌握客户需求、竞争对手情况、内部发展瓶颈、市场行情变化以确认企业未来面临的机遇与挑战，是为了勘测市场环境状况对企业未来战略重点的影响，它决定着战略设计的深度。

2004 年，IBM 将 PC 业务出售给联想集团的行为在当时颇受争议，尽管 PC 业务拖累了 IBM 的业绩增长，但 ThinkPad 系列笔记本的口碑一直不错。IBM 的 CEO 彭明盛（Sam Palmisano）通过对两个业务市场的深刻洞察，决心整合资源，聚焦向客户提供从战略咨询到解决方案的一体化服务。这宗交易让 IBM 专注于高利润率的咨询服务业务，顺应科技产业发展的潮流，从而为企业赢得了先机和财富。

战略意图是指组织的方向和最终目标，与组织的战略重点相一致，是整个战略设计的出发点。组织的战略目标、使命和愿景是什么？这样的业务设计能提升企业的战略重点吗？这些是企业需要思考清楚的问题。

创新焦点是指将创新作为战略设计的焦点，包括技术、产品、商业模式和运营方式等方面的创新。创新能为企业竞争力创造新的增值点，缩短现状与目标的差距来应对市场的变化。正确的创新应当是企业在市场环境中进行探索和实践，而非远离市场一味闭门造车。

业务设计，即厘清如何利用组织内部能力探索战略控制点，是战略设计最终的落脚点。业务设计具有 6 个核心要素：客户选择、价值主张、价值获取、活动范围、战略控制和风险管理（见表 2-6）。

表 2-6　业务设计的 6 个核心要素

序　号	要　素	具 体 解 释
1	客户选择	企业资源有限，应选择与企业的产品、服务、能力相匹配的客户
2	价值主张	从客户角度看，企业的产品和服务为客户提供的独特价值
3	价值获取	盈利能力，企业如何满足客户需求以获取利润
4	活动范围	企业从事的经营活动、提供的产品和服务的范围
5	战略控制	企业战略的一部分，领先企业竞争对手的保障
6	风险管理	识别、理解不确定性因素，降低失败的可能性

2012 年华为进行战略规划，核心决策是：芯片是否要自主研发？此前，华为对终端业务已有深入研究，提前调整组织结构和打造组织能力，如组建好核心的管理团队和设计团队。最终决定芯片一定要自主研发，通过芯片在硬件上占据强大的战略控制点。华为 2018 年发布的手机芯片"麒麟 980"令世界瞩目。正因华为出色的表现，引起美国对华为的警惕，对华为在芯片和 5G 等领域进行封锁，华为正面临着新一轮的挑战。

组织战略的设计与执行密不可分，为了支撑战略落地，强大的组织能力不可或缺。企业应当根据业务设计的要求系统思考执行模块的各个维度，这样才能避免战略成为空中楼阁，切实保证企业发展行稳致远。

2.4.2　分析组织能力对战略的支撑性

任正非曾说过："企业经营要想成功，战略和执行力缺一不可。执行力是什么？它是各级组织将战略付诸实施的能力，反映战略方案和目标的贯彻程度。许多企业虽然有好的战略，但因为缺少执行力，最终失败。"

任正非更看重企业的执行力问题，而要打造强大的执行力，关键在于正式组织、人才、氛围与文化。BLM 模型指出，正式组织、人才、氛围与文化对战略目标与业务设计提供支持保障。

（1）组织为战略执行提供系统支持

这里的组织是指广义的组织系统，包括完整的组织架构、业务流程、运营管理、规章制度等内容。

马云说："如果有人告诉我他调整了战略，我最关心的是你打算关掉哪些部门，合并哪些部门，哪些领导上位，哪些领导下台，这才是战略的开始。"战略调整并不只是简单地换换战略目标，更重要的是对组织架构做出调整，考虑管理团队是否变动，考核方式如何改变。

根据业务设计要求所制定的必要任务行动要想得到有效执行，就必须让组织内的责权统一、制度流程、运营管理发挥足够的支撑作用。因此，在战略落地前，要对组织系统进行相应的建设和调整，以适配战略执行的关键任务。

（2）人才为战略执行提供人力资源支持

在支撑企业发展壮大的所有因素中，人才是最为重要的一环。企业想实现快速发展必然要依靠核心团队的精英人才，要让各类人才在各自的岗位上人尽其才。

任正非曾说，华为要建立能力中心（职能部门）和人才中心。能力中心与人才中心有所区别，他们去其他国家获取世界级优秀人才，不是建能力中心，是要把人才吸引过来，创造一个环境。企业不应只是停留于引才、聚才，更要做好留才、用才工作，为其搭建发展平台，在合适的岗位上施展才华，真正为战略执行做出贡献。

（3）文化为战略执行团队提供精神支持

组织的文化是无形的存在，但它恰恰是战略执行的重要支撑力量。再好的战略目标和业务设计，如果文化中存有阻碍因素，组织就难以通力协作，再好的战略最终都无法落地。

良性的文化对组织战略的执行力打造有着重要意义，它能促进组织成员相互交流，消除跨部门交流障碍，降低沟通流程重复损耗，激发员工的热情，凝聚企业的合力，切实保障战略的执行落地。

组织能力的打造应该以支撑战略目标与业务设计的实现为首要原则，各个维度保持对战略设计的一致性，更好地支撑战略的执行环节。BLM 模型还表明需要定期进行复盘，以此找到下一个战略落地的聚焦点，进一步解决差距。

2.4.3 BLM 模型在实践中的应用

为了确保业务部门的战略达成共识和切实执行，华为引入 BLM 模型进行战略规划，促进业务和人力资源战略紧密关联。执行模块的正式组织、人才、氛围与文化 3 个维度在华为都属于人力资源工作的范畴，如图 2-11 所示。

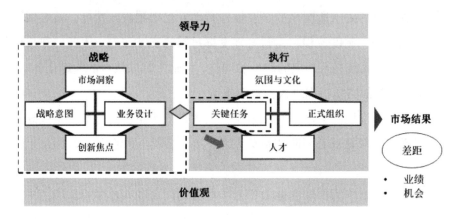

图 2-11　华为 BLM 模型应用

以往华为制定战略时，人力资源部门是不参与研讨的，只在最后业务战略中附上人力资源的规划，换句话说，人力资源就是来充数的。华为在运用 BLM 模型改造后，人力资源业务合作伙伴成为战略执行过程的主力军，人力资源管理是业务战略落地的保障。在组织战略下面，还专门设有一个人力资源战略。在华为，人力资源政策永远提前于业务的推行，人力资源管理和业务管理紧密关联，人力资源对于业务的影响不容忽视。

通常情况下，现状与期望的差距是由战略的缺陷或执行的不协调造成的，聚焦 BLM 模型及具体情境，在理解 8 个核心维度后，如何针对各个维度进行提问是关键。提出好的问题能更好地认知各个要素，可以通过列举提问清单用具体的问题来实现（见表 2-7）。

表 2-7 BLM 模型各个维度提问清单

模　块	维　度	序　号	具 体 问 题
战略规划	战略意图	1	公司的愿景是什么
		2	公司的战略目标是什么
		3	公司今年的目标是什么
	市场洞察	4	客户需求的趋势是什么
		5	竞争对手的动向是什么
		6	市场行情的发展趋势怎么样
	创新焦点	7	业务模式的组合是什么
		8	业务的价值来源是什么，是否可持续
		9	新业务是什么，发展趋势怎么样
	业务设计	10	现有能力能否支撑业务设计
		11	公司能否打造所需要的新能力
战略执行	关键任务	12	基于业务设计，公司关键任务是什么
		13	公司需要完成什么关键任务，合作伙伴完成什么关键任务
		14	公司与合作伙伴的相互依赖关系怎么样
	正式组织	15	组织系统是否和战略设计相一致
		16	组织系统是否支持关键任务实施
		17	公司是否需要调整组织系统以完成关键任务
	人才	18	组织成员是否拥有完成关键任务所需要的能力
		19	组织成员通过内部培训能否胜任关键任务
		20	公司是否需要从外部寻找人才加入
	氛围与文化	21	公司内部氛围怎么样
		22	公司氛围支持业务设计和关键任务的实施吗
		23	公司需要培养什么文化

经过组织诊断后，人力资源部门对企业自身现状有了全面、深刻的认识，应当起到引导业务团队工作的作用，更好地提出改进建议，而不是随意发号施令、品头论足。

2.5 组织诊断工具："六个盒子"

阿里巴巴内部有句话："不管业务和组织架构怎么变，'六个盒子'跑一遍。"可想而知，"六个盒子"在阿里巴巴的应用是多么的深入和广泛。"六个盒子"最简单且极具实操性，最初是作为咨询顾问的工具，它拥有一个完整的诊断维度，经过阿里巴巴的迭代优化后，成为被广大 HR 熟知的诊断与盘点的工具。

2.5.1 无论业务怎么变，"六个盒子"跑一遍

"六个盒子"是一种对组织现状盘点的工具，也是一种与业务对话的沟通逻辑。"六个盒子"帮我们解答了"该从哪些维度诊断"的难题，它提供了一些最为重要的主题：使命/目标、结构/组织、关系/流程、激励/奖励、支持/工具、管理/领导，并把这些主题形成框架，让我们可以准确地关注重要问题，并决定是否对问题采取改进措施（见表2-8）。

表2-8 "六个盒子"核心问题及要点

序 号	盒 子	核 心 问 题	要 点
1	使命/目标	我们从事的是什么事业	目的是否明确 目的是否一致 员工是否认同
2	结构/组织	我们怎么分配工作	团队如何分工协作 组织架构是什么样的
3	关系/流程	我们如何管理冲突	相互依赖程度 关系品质 冲突管理模式
4	激励/奖励	我们是否有合适的激励机制	如何激励员工 奖惩措施及标准 激励是否公平

续表

序　号	盒　子	核 心 问 题	要　点
5	支持 / 工具	我们是否有恰当的协作机制	识别正向机制 创建新的机制
6	管理 / 领导	有人在保持"六个盒子"的平衡吗	领导团队 平衡"六个盒子" 领导方式

第一个盒子是使命与目标，要理解为谁创造什么价值。大部分企业的组织问题就出在第一个盒子中，因此对第一个盒子必须下大功夫，了解清楚这个盒子的情况，也便于后续工作的开展。我们可以这样来提问：①使命与目标是否明确？有没有把它们写下来？②使命与目标是否一致？③使命与目标是否得到认同？

第二个盒子是结构与组织，要判断组织结构是否能够支撑业务的成功。组织结构的本质其实就是责权利的设计和业务路径的设计，能够支撑组织业务发展的就是最好的结构。我们可以这样来提问：①团队中的人员是如何分工的？②日常组织形式是什么样的？

第三个盒子是关系与流程，关键在于合作关系的协作如何，流程畅通与否。我们可以这样来提问：①利益相关者彼此的依赖程度如何？②关系品质如何？③发生冲突时的管理模式如何？

第四个盒子是激励与奖励，组织会设立外部奖励及奖惩制度来引导、鼓励员工的一些周边绩效行为，这些行为能够润滑部门沟通，营造良好的组织氛围。所以组织需要保证员工对于相关奖励制度的一个知情度和满意度。我们可以这样来提问：①如何激发员工的动力实现目标？②奖励的措施、标准是什么？③如何协调公平与团结？

第五个盒子是支持与工具，了解组织客户价值输出的协作机制现状。我们可以这样来提问：①组织支持机制是否真正对员工有帮助？②还可能创建什么新机制？

第六个盒子是管理与领导，提升管理者的行为与组织目的的匹配度。我们可以这样来提问：①业务领导是一个团队吗？②领导者是否采取了措施来保持"六个盒子"的平衡？③管理者的领导风格是什么？

2.5.2　"六个盒子"的使用误区

尽管"六个盒子"的使用非常简单，但是认识不到位时会陷入误区，导致无法使用好这个组织诊断工具。以下就是"六个盒子"的使用可能陷入的4个误区：

（1）聚焦某一个盒子

分析企业现有问题的"六个盒子"皆是最为重要的主体，且它们之间互相影响，所以诊断出来的问题绝不仅仅只存在于某一个盒子中。组织诊断要做到系统全面，组织问题现状的分析就一定要等到"六个盒子"都跑过一遍再进行综合考虑。

（2）简化模型的应用

对于"六个盒子"的每一个盒子，我们都针对要点进行提问，这些问题更适合在进行组织诊断的时候作为研讨或访谈的框架和提纲，提问的目的并不是为了对答案评分，而是帮助对方形成全面的认知模式，引导对方快速从人际交往问题、团队能力问题拓展到诊断框架更为复杂的业务经营问题中。

（3）重要性排序混乱

"六个盒子"的顺序不能被弄混，它们都是韦斯伯德选取的最为重要的因素，它们的序号并不是重要性的排序，它们之间互相作用，形成了一个完整的系统，每个盒子都是这个系统必不可少的一部分。

（4）模型视作"万能钥匙"

"六个盒子"的每一个盒子都需要通过研讨、分析对现状进行盘点，如果组织者抢时间、赶进度，每一个盒子都没有做到诊断准确，结果就会大受影响。没有模型能够完美展现所有组织的全貌，当面对一个个团队问题时，我们要做的就是不被诊断框架所束缚，而要分析问题的深层原因和解决方法。一味套用模型只会限制组织者的思维。

2.5.3　"六个盒子"在实践中的应用

"六个盒子"可以应用于群体讨论、沟通交流和访谈调研等多种诊断调研方法的设计中，借助提问清单引发对各个盒子的现状与建议的讨论，探讨组织业务经营问题的解决方案（见表 2-9）。

表 2-9　"六个盒子"各个维度的提问清单

盒　子	序　号	具 体 问 题
使命 / 目标	1	组织（团队）的目标是什么
	2	目标的一致性如何，匹配度如何
	3	全体成员对目标是否理解、认可并为之奋斗
结构 / 组织	4	组织结构的类型是职能型、产品型，还是矩阵型
	5	人员分工的责权是否统一
	6	组织结构与市场变化是否匹配
关系 / 流程	7	为了满足客户 / 市场的需求，业务团队要达到怎样的合作程度
	8	团队之间彼此相处得如何
	9	管理冲突的机制和流程有哪些
激励 / 奖励	10	目前激励可以满足员工哪些层面的需求，激励体系的要点是什么
	11	激励的活动和惩罚的措施有哪些
支持 / 工具	12	哪些是正向、负向和无效的机制
	13	还缺乏什么改善机制
管理 / 领导	14	是领导者个人决策还是团队集体决策
	15	保持"六个盒子"平衡的组织机制是什么
	16	管理者领导方式如何，与组织目标匹配度如何？各种方式有什么优劣势

可以选取清单中多个盒子的问题作为调研内容，形成诊断框架，但任何一个工具都不是万能的，"六个盒子"仅为我们提供了韦斯伯德和阿里巴巴看待组织的视角。例如我们可以发现，"六个盒子"并不关注员工能力这一要素，这其实与阿里巴巴特有的企业文化息息相关。阿里巴巴的政委体系，更多注重团队凝聚力和战斗力，而非员工个人的单兵作战能力。借助"六个盒子"进行诊断最为关键的要求是熟悉业务，提出更有质量的问题，并系统去探索解决的方案。

第 3 章
业务战略与组织

　　企业史学家艾尔弗雷德·D. 钱德勒曾说过，战略决定组织，组织跟随战略。正确理解组织、战略与流程之间的关系是企业做好组织管理与战略管理的前提。只有明确企业战略目标，才能厘清关键业务流程，最终基于业务流程设计组织。

3.1   战略与组织的关系

战略是组织这艘"巨轮"行稳致远必不可少的指南针，战略决定组织，同时战略应当保持一定的灵活性；组织是战略落地的重要保障，组织应当匹配战略，并跟随战略动态调整。

3.1.1   保持战略灵活性，保证方向正确

在不断变化的市场环境中，企业只有不断保持着预测、洞察、探索、革新，提升战略灵活性，才能保证方向正确。

【管理研究】人力资源管理大师戴维·尤里奇对战略灵活性的定义

迅速、创造性且明智地做出必要战略选择的能力就是战略灵活性。组织的资源往往是有限的，那么组织就要凭借自身的经验和能力，优化资源配置，高效降本减损，实现利润增长。

为什么战略灵活性对企业来说显得越来越重要了？答案就是：为了避免组织形成惯性，管理僵化。当企业扩大到一定规模时，很多管理者就会陷入一种惯性思维的误区，他们认为过去的成功路径可以继续走下去，并且企业也会持续成功。达到 1000 亿元的 GMV（Gross Merchandise Volume，成交总额），淘宝网用时 5 年，京东用时 10 年，而拼多多则在两年的时间就完成了。当前企业的竞争愈加激烈，管理者应当始终保持开放包容的心态，对标先进企业学习，提升战略灵活性以适应未知的未来。

（1）明确使命愿景

提升战略灵活性先要明确企业使命，让企业战略与企业使命紧密相连，让企业能有个清晰的目标。明确的使命犹如黑夜里明亮的灯塔，能为战略乃至所有组织活动提供一个清晰的方向（企业发展纲领）。

阿里巴巴的使命是"让天下没有难做的生意"，始终聚焦电子商务，无论是2003 年开通的淘宝网，还是阿里巴巴研发的其他软件，都致力于帮助广大的中小微企业更轻松、更容易地做生意。

（2）预测市场需求

具备战略灵活性的企业一方面能够预测市场走向，它们不做现有市场的追随者，而是勇于创新，争做开拓未知市场的领路人。另一方面，企业不沉溺于过去和现在的辉煌成就，而是展望将来，预测客户未来的需求。

随着"互联网＋"技术的不断发展，线上教育平台规模不断扩大，但受传统教育观念的影响，很多家长认为孩子看手机、电脑等同于玩网络游戏，所以并不认可网络教学的效果。2020 年，面对全球蔓延的新冠肺炎疫情和严格的防疫措施，线下教学和培训机构全面停摆。与此同时，教育部提倡利用网络平台，实现"停课不停教、不停学"。为此，两亿多名学生转入线上教育平台，网络教学和在线培训也渐渐被家长所接受。在这样的趋势下，各大培训机构迅速上线网络课程，在线会议平台紧急提升服务器承载能力、上线课程相关功能，直播平台增设学习板块以抢占线上教育市场。

（3）关注企业发展

企业究竟如何保持可持续发展？具备战略灵活性的华为为我们提供了答案。2017 年，华为建立了基于客户、产品和区域的 3 个维度架构以实现企业的发展。华为最开始从事用户交换机代理，随后业务拓宽成为运营商、ICT（信息通信技术）基础设施领域的产品提供商。服务的客户也由单一的交换机市场拓展至运营商客户、企业客户和消费者。华为对区域加强一线的授权，使之成为利润中心与决策中心，充分发挥区域领导者在经营管理上的作用，同时保障监管力度，增强一线业务单位的灵活性和自主性。

（4）激励员工灵动

具备战略灵活性的企业能够给予员工最大的信任，让员工能够全身心投入，将才华尽情在工作中展现。在这瞬息万变的市场环境中，唯有员工思维灵动，企业方能战略灵活。

字节跳动价值观中核心的一条就是"坦诚清晰"，在内部推崇"直问直答"，通过信息沟通创造价值。在公司内网，每天有数万条帖子，员工在这里可以畅所欲言，提出自己对公司和产品的意见和建议。公司还定期举办"CEO见面会"，会上张一鸣要直面员工的各种提问。此外，在字节跳动除了紧急决策，其他重大决策通常都会搁置一天，让更多的信息参与进来。

企业具备战略灵活性，方能在市场变幻之时，崭露头角，拥有攀登高峰的机遇。企业可参考表3-1进行战略灵活性的评估，在各个方法维度上对企业已有的制度和措施进行了解，做出评分，才能有针对性地制定改进措施，进而有效提升战略灵活性。

表3-1　企业战略灵活性评估表

评　估　项	企业的现状	得　　分	改进的措施
明确使命愿景			
预测市场需求			
关注企业发展			
激励员工灵动			

注：得分为5分制，5分为表现优秀，1分为表现不足。

3.1.2　组织要与战略相匹配

国内管理学家陈春花曾说过，组织架构要服从于企业的战略。组织的架构与组织的生产运作方式密切相关，而战略决定了企业经营运作的根本和方向，因此，组织就需要与组织战略相匹配，以支撑战略的制定与执行。一方面，组织架构总是做出调整，依然需要和战略重点紧密关联；另一方面，组织架构的调整总是滞后的，这就要求企业及时将组织架构与战略配套。

当企业外部环境发生巨大变化，对企业的战略和运营产生重大影响时，那么设计新的组织架构以支撑新战略顺利落地就显得极为必要了，因为组织的架构决定着组织的资源配置情况。

腾讯在 2018 年对组织架构进行调整，将原先分散在多个事业群的业务、资源重新整合，PCG（平台与内容事业群）由原先的 4 个事业群组成，员工超万名，是腾讯业务及规模最大的事业群，涵盖新闻资讯、长 / 短视频、影业、动漫、信息流、社交平台等。组织结构调整后，事业群内各业务交互协作、融合发展，支撑着战略实施与组织发展（见图 3-1）。

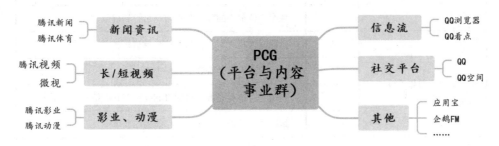

图 3-1　腾讯平台与内容事业群所含业务

一个优秀的组织架构能带来的益处包括简化流程、提高效率、促进交流、落实责任、培养人才（见图 3-2）。

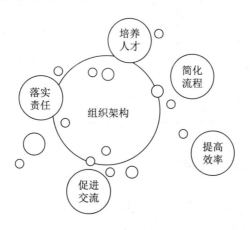

图 3-2　优秀的组织架构的益处

为了实现组织与战略适配，需要我们清楚地了解组织现状，并及时发现需要优化的问题。对此，可通过诊断问题表（见表 3-2）来进行检视，该表可根据组织自身发展情况与管理需求进行调整。

表 3-2 组织与战略适配度诊断问题表

诊 断 内 容	序 号	问 题
部门设置与岗位安排	1	是否依据战略目标来决定组织框架
	2	各个部门是否有直线管理者
	3	部门的岗位设计是否合理
	4	各个岗位员工的职责与权限是否得到规范
能力培训与考核	5	企业是否建立了完善的考核与评估机制
	6	组织管理人员是否满足胜任力的要求
	7	组织是否建有完善的培训机制并定期开展培训
	8	组织员工是否满足岗位工作能力的要求
企业文化建设	9	企业文化是否可以支撑战略目标的达成
	10	企业是否有成熟的文化宣传渠道，渠道是否多样化
	11	对于企业文化的宣传，员工是否贯彻执行
	12	组织是否定期开展对外部的文化推广活动
管理制度制定	13	制度是否制定并完善，是否有自我优化机制
	14	制度制定及更新时，制度的科学性与权威性是否得到保证
	15	所有员工是否都清楚各项组织制度
	16	员工是否有责任意识与规则意识

3.1.3 跟随战略动态调整组织

市场环境随时都在发生变化，组织也需要不断进行动态调整，以增强与战略之间的一致性，支撑战略的制定与执行。华为在 30 余年的发展历程中，就紧随战略对组织进行了数次调整。

华为成立初期由产品代理转变为对产品进行自主研发，竞争战略采取成本领先战略，并走"农村包围城市"的路线。组织结构是直线职能式，特点是管理权力高度集中，能快速集合调配资源，快速决策市场变化。

　　1995 年，华为开始开拓国内市场，主营业务由交换机自主研发转变为提供全面通信解决方案，组织架构是二维矩阵式组织架构，即建立事业部与地区部相结合的矩阵式架构。但是，随着华为业务的迅猛拓展，华为所提供的产品服务逐渐脱离了客户需求，研发投入效益低、产品开发周期长、客户满意度下降等多方面问题逐渐凸显，为了突破公司瓶颈，华为开始进行流程化变革，开始探索建立以客户需求为导向的产品线制组织架构，以支撑华为国际化战略的实现（见图 3-3）。

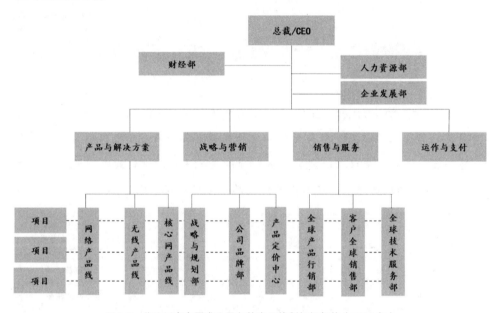

图 3-3　华为以客户需求为导向的产品线制组织架构（2003 年）

　　随着业务领域的拓宽，华为的组织架构跟随战略又进行了数次调整。截至2017 年，华为的组织架构从客户、产品和区域 3 个维度，对企业发展、利润增长、客户满意度负责，共同为客户创造价值（见图 3-4）。其中，产品与解决方案负责产品规划、开发交付和产品竞争力构建；运营商 BG（Business Group，是指华为的一个业务集团）和企业 BG 分别面向运营商客户和企业 / 行业客户提供解决方案营销、销售和服务；消费者 BG 面向终端产品用户；Cloud BU（业务单元）负责构建云服务竞争力。区域组织负责区域的相关资源、能力的建设和有效利用，并负责公司战略在所辖区域的落地。集团职能平台则是聚焦业务的支撑、服务和监管的平台。

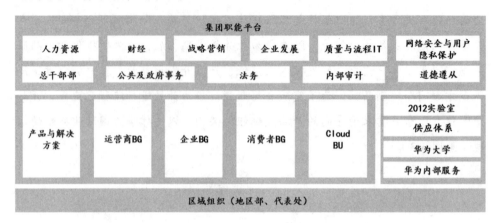

图 3-4   华为组织架构（2017 年）

为了支撑战略的执行，2018 年，华为又进行了新一轮的组织架构调整，将 2012 实验室、供应体系、华为大学和华为内部服务等原来的服务型事业部，全部整合进集团职能平台，以便更好地对资源进行统一管理。此外，还让消费者 BG 成为单独的区域组织，使其拥有更大的自主经营权（见图 3-5）。

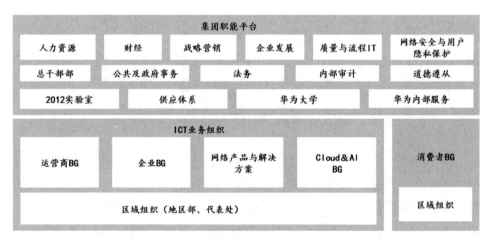

图 3-5   华为组织架构（2018 年）

截至 2021 年 7 月，根据华为官网的数据，华为的组织架构中又增添了智能汽车解决方案 BU，将 ICT 技术优势延伸到智能汽车产业（见图 3-6）。

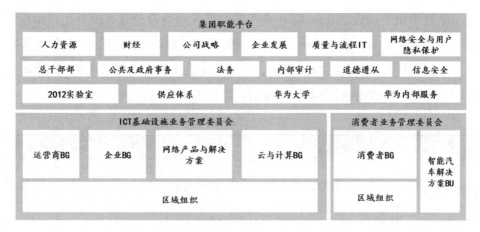

图 3-6 华为组织架构（截至 2021 年 7 月）

在三十几年的发展历程中，华为多次调整组织架构以支撑战略执行，助力企业向新的发展阶段进化。组织紧跟战略，随着战略进行动态调整，但如果战略的方向不准确，组织这艘"巨轮"也会在茫茫的市场大海中迷失方向，难以取得持续的成功。

3.2 保持正确的战略方向

任正非曾说："抓住了战略机会，花多少钱都是胜利；抓不住战略机会，不花钱也是死亡。节约是节约不出来华为公司的。"正是华为愿意在战略的制定上继续投入，进行系统、深度的探索与思考，其才能长期保持正确的战略方向。

3.2.1 厘清企业的战略意图

正确的战略方向，源于好的战略意图的描述与战略目标的表达，所谓战略意图，是指企业希望实现的目标，或者是想要达到一个什么样的标准。取得一个什么样的成就，是基于当前市场洞察对未来机遇的判断，将机遇具体细化成目标，体现着领导队伍的追求。战略意图主要包括企业的使命愿景、中长期战略目标和短期目标 3 个方面。

    战略意图是描述企业未来 3～5 年的发展方向与希望达成的目标，涵盖财务目标、客户目标、区域目标、产品目标、运营目标（见表 3-3），例如销售收入、目标客户人群占比、市场份额、产品复合增长率、人均效率等。在描述目标时一定要符合 SMART 原则（目标管理原则）。

表 3-3   战略意图表

维　　度	描 述 要 求	描 述 示 例
财务目标	销售收入增长率、销售数量、销售毛利及销售利润率等	5 年销售收入复合增长率达到 17%，5 年后销售收入达到 200 亿元 年税前利润率（即税前利润对当期销售收入的比率）不低于 18%
客户目标	明确企业的目标客户，全覆盖或细分人群	2C（To C）的目标人群占比不低于 25% 2B（To B）成为主流客户首选供应商 TOP 5 客户建成战略伙伴关系
区域目标	明确企业竞争区域及区域市场的目标	国内市场占有率第一 亚洲保四争二
产品目标	目标客户期望的产品及各产品复合增长率	产品 1/2/3 复合增长率达到 15% 产品 4/5/6（成熟期）复合增长率达到 8%
运营目标	资产效率、流程成熟度、交货周期、人均效率等	管理及办公费用每年下降 0.5% 流程成熟度每年提升 0.8% 到 1.5% 人均效率每年提升 4%

    为了让战略意图便于全体员工理解并更具有操作性，企业可以对战略意图按照年度划分，描述具体目标。例如，某企业的战略意图是在 5 年内成为行业内领先的解决方案供应商，那么对战略意图进行描述时就可以给出未来 5 年周期里每一年的具体战略目标（见表 3-4）。

表 3-4   战略意图表之财务目标

维　　度	2022 年	2023 年	2024 年	2025 年	2026 年
销售数量					
销售收入					
同比增长					
销售利润率					
同比增长					

注：财务目标要根据企业上一年战略执行的市场结果，包括业绩完成情况、与企业目标和竞争对手的差距、重大机会点的变化等进行适当的调整。

彼得·德鲁克认为，如果计划不能迅速转化为踏实而艰苦的工作，那么计划只是美好的意愿而已。因此，战略意图要与企业的战略重点保持一致，同时还要展现出企业的竞争优势。在确定战略意图后，企业要集中力量去执行，避免纸上谈兵。

3.2.2　确定创新焦点，抓住战略机会点

华为强调，不在非战略机会点上消耗战略竞争力量。这是因为企业的资源是有限的，为确保资源高效利用、把握住战略机会点，企业应当结合自身的优势，洞察市场中的机会，将资源投放在关键创新点上。

企业长期发展的关键在于其要匹配战略机会点来管理业务组合。企业需要对不同层面的业务类型进行组合管理。通过设计未来业务组合，一方面来满足现有产品的运营要求，另一方面为企业培育未来的新兴战略机会点。

【管理研究】企业业务构成的 3 个层面

麦肯锡公司通过对全球不同行业的 40 个处于高速增长的公司进行研究后，提出了企业业务构成的 3 个层面：第一个层面是守卫和拓展核心业务，第二个层面是建立即将涌现增长动力的成长业务，第三个层面是创造有生命力的未来业务。协调好这 3 个层面的关系对企业塑造核心竞争力、稳定高速增长至关重要。

（1）核心业务：收入与利润的主要来源

第一个层面的业务是企业当前的核心业务，这一业务为企业带来大部分的营业收入、利润和现金流。因此，对于核心业务，企业关注的是利润、投入资本回报率（简称"投资回报率"）、生产效率等指标。针对核心业务层面，企业的经营原则是尽可能地延伸、捍卫现有的业务，增加生产能力，扩大其利润贡献，确保企业可以继续参与市场竞争不出局。

（2）成长业务：市场增长和扩张机会的来源

第二个层面的业务是已经经历了经营概念和经营模式探索的成长业务，基

本确立了盈利模式，具有高成长性，并且已经产生了收入或利润，在不久的将来会像第一个层面的业务一样带来稳定的盈利。对于成长业务，企业关注的是收入的增长和投资回报率，如收入增长、新客户/关键客户获取、市场份额增长、预期收益、净现值等。针对即将涌现增长动力的成长业务层面，企业的经营原则是逐步扩大其规模，增加市场份额，将其培养成新的市场机会点，使企业获得竞争优势地位。

（3）未来业务：未来长期增长的机会点

第三个层面的业务是处于探索阶段的未来业务，它们应当不仅是企业领导者的想法，而且是具有实质性运作或投资的小型项目，这些项目在将来有可能发展成为第二个层面的业务，甚至成为第一个层面的业务。对于未来业务，企业关注的是回报的多少和成功的可能性，如项目进展关键里程碑、机会点的数量和回报评估、从创意到商用的成功率等。针对未来业务层面，企业的经营原则是培养能力和价值、播种成长的机会，使企业改变现有行业地位并获得颠覆性发展。

总体来说，企业要建立平衡的业务组合，即把增量业务和存量业务恰当地组合在一个体系里，塑造企业的核心竞争力。而核心竞争力的塑造来自持续创新。因此，在这个过程中，企业还要思考两件事，即企业的创新模式是什么（见表 3-5）和组织中的资源该如何分配。

表 3-5 企业的创新模式

模 式		具 体 解 释
产品、服务和市场创新	产品创新	创造某种新产品或对某一老产品的功能进行创新
	服务创新	使潜在客户感受到不同于从前的崭新内容，是指新的设想、新的技术手段转变成新的或改进的服务方式
	市场创新	通过产品创新、服务创新、价格创新等方式开辟一个新的市场
业务模式创新		企业对其以往的基本经营方法进行变革，包括改变盈利模式、改变企业模式和改变技术模式
运营创新		通过理顺流程、简化工作程序等，不断提升企业的运作效率

好的战略必须是聚焦的。全方位思考未来的业务组合，明确了企业创新模式后，企业就可以有针对性地将资源投入关键创新点上，避免在非战略机会点上消耗资源和力量。在厘清战略意图，明确了企业未来业务组合和创新模式后，企业领导者就需要思考如何利用企业内部现有资源来进行一个好的业务设计了。

3.2.3　做好业务设计，明确商业模式

正确的战略最后还是要落实到业务设计上的，即企业实现战略目标的方式。业务设计包含 6 个核心要素：客户选择、价值主张、价值获取、活动范围、战略控制和风险管理，前文中表 2-6 仅做简要概述，以下是对业务设计六要素的具体解释。

（1）客户选择

企业设计的产品是为了满足哪类客户的需求？这类客户在所处行业的位置怎么样？客户市场很大，而企业的人员与精力是有限的，在客户选择上不能盲目扩大客户人群。以华为的手机为例，不同系列的手机的目标客户群体是不一样的：P 系列定位的目标客户是爱拍照的时尚白领；Mate 系列定位的目标客户是商务人士；nova 系列定位的目标客户是追求颜值的青年群体。各个系列有着对应的目标客户群，各个系列互相关联，形成一张广大的客户网。

（2）价值主张

与竞争对手相比，能够为目标客户提供什么独特的价值？价值主张有 4 种类型：第一种是总成本最低，提供一致、及时和低成本的产品与服务；第二种是产品领先，突破现有的业绩边界，提供令人高度满意的产品与服务；第三种是全面的客户解决方案，为客户提供最优的解决方案；第四种是客户锁定，提供最终客户的高转换成本，并且辅助厂商增加价值。换句话说，价值主张就是客户发自内心想要的东西。比如有些女士喜欢名牌包，她们的需求不仅是包，更多的是别人对她们的羡慕，名牌包的价值主张正是抓住了客户的这种心理。

（3）价值获取

企业如何通过满足客户需求来赚钱？是靠销售传统的产品、专门许可证，

产品+服务，还是知识产权？主要竞争对手有哪些？企业扮演什么角色？也就是说，企业的商业模式是什么？

（4）活动范围

企业在价值链上处于什么位置？哪些事情是自己完成的？哪些交给了产业链上下游的合作伙伴？对合作伙伴的依赖性有多大？企业开发了其他的盈利模式吗？如有，合作伙伴对它们的兴趣有多大？如何拉动合作伙伴共同将蛋糕做大？企业在考虑业务活动范围时，如何改变其在经营活动中的角色和范围，以更好地留住客户？哪些事情是能够外包或外购的，哪些是能够与合作伙伴协作完成的？以华为为例，华为共有 19.4 万多名员工，其中研发人员约为 9.6 万人，占总员工人数的 49%，销售与服务人员占总员工人数的 33%，管理人员占总员工人数的 8%，剩下只有总员工人数的 10% 是生产制造人员。这些生产制造人员，只做核心部件的制造、整机的装备与调试，其他零部件生产和制造都让供应商和合作伙伴去做。所以，华为能够聚焦主航道，持续投入研发。

（5）战略控制

企业的主营业务成为可持续利润来源的保障是什么？是专利、品牌、版权、客户关系、领先 N 年的管理技术还是明显的成本优势等？换言之，企业拥有的让竞争对手难以攻克的竞争堡垒是什么？比如，截至 2020 年 1 月 1 日，华为在无线通信领域国际标准中拥有的基本专利超过 2000 项；在 5G 领域拥有专利多达 3147 项。企业可以用 VIRO 分析模型来评价企业资源和能力的价值性（Value）、不易复制性（Inimitability）、稀缺性（Rarity）和组织性（Organization），以此来确定企业的战略控制点（见表 3-6）。

表 3-6   VIRO 分析模型

资源或能力	价 值 性	不易复制性	稀 缺 性	组 织 性
财务管理能力				
新产品开发				
组织管理能力				
……				

（6）风险管理

企业如何保证对造就成败的不确定因素的识别与管理？其背后的根本原因是否可以被理解？管理的风险是独立的还是系统的？企业如何通过更好的风险管理降低失败的可能性？

业务设计应当让企业拥有持续满足客户需求的能力，企业可以运用业务设计表（见表 3-7）来判断其业务设计是否能够持续满足客户需求，同时是否具有市场竞争力。

表 3-7　业务设计表

业务设计六要素	当前的业务设计	期望的业务设计	可能遇到的挑战
客户选择 （企业的目标客户是谁）			
价值主张 （企业独特的价值是什么）			
价值获取 （企业获利的模式是什么）			
活动范围 （企业经营活动的角色与范围）			
战略控制 （企业让竞争对手难以攻克的竞争堡垒是什么）			
风险管理 （企业存在哪些潜在风险，如何管理）			

3.3　确定价值链与流程架构

迈克尔·波特认为，把企业的业务流程描绘成一个价值链，竞争不是发生在企业与企业之间的，而是发生在企业各自的价值链之间的；只有对价值链的各个环节（业务流程）实行有效管理的企业，才有可能真正获得市场上的竞争优势。因此，做好业务流程规划的前提是厘清企业的价值链。

3.3.1　分析商业模式，厘清价值链

组织要想弄清楚自己的商业模式，只需要回答 3 个问题就可以了——企业依靠什么（能力）？加工什么（资源）？创造什么（价值）？

根据组织对这 3 个问题的回答，我们可以把商业模式分为 5 类（见表 3-8）。

表 3-8　商业模式分类

序　号	分　类	代 表 企 业
1	资源类	中石油、鞍钢
2	价值链类	小米、沃尔玛
3	技术类	华为、谷歌
4	品牌类	星巴克、迪士尼
5	平台类	阿里巴巴、美团

第一类，资源类。这类企业非常依赖于加工的资源，传统行业如石油、钢铁、煤炭等都属于这一类。第二类，价值链类。小米的网络直销和沃尔玛的供应链管理都是在价值链环节上进行创新的，用高性价比的产品去抢占客户。第三类，技术类。这类企业长期维持高额的研发投入，助推其技术不断迭代升级，以稳固其在行业领域的领先地位。如华为、谷歌，其实华为在供应链管理上也十分出色，但通过对比华为与小米 2020 年报数据可知，华为在研发方面资金投入占总营收的 15.9%，远远高于小米的 3.8%。第四类，品牌类。这类企业产品的品牌价值不容忽视，它们的产品被赋予了更多的理念与文化，如星巴克、迪士尼等。第五类，平台类。企业搭建一个双方或第三方平台，优化从需求侧到供给侧的服务体验，如阿里巴巴、美团。

在激烈的市场竞争中，企业想定位准确自己的商业模式，就需要厘清自己价值链创造的整个过程。价值链是互不相同又相互关联的生产经营活动的集合体，理解企业价值链能帮助我们更好地厘清价值创造活动与分析商业模式。

【管理研究】价值链的定义

1985 年，哈佛大学商学院教授迈克尔·波特最先提出价值链的概念。波特认为，每一个企业都是在设计、生产、销售、发送和辅助其产品的过程中进行种种活动的集合体，所有这些活动可以用一个价值链来表明。

企业的价值创造活动按照是否直接创造价值划分为两类——基本活动与支持活动（见图 3-7），其中，基本活动（价值创造活动）是指那些涉及产品实体的内部物流、生产加工、外部物流等支撑性与服务性活动；支持活动（支持价值创造活动）则是指那些让基本活动得以顺利进行的活动（见表 3-9）。

图 3-7　企业价值链模型

表 3-9　价值创造活动的分类

活动类型		说　明
基本活动	内部物流	接收、存储和分配的相关活动，如原材料搬运、仓储管理、库存量控制、车辆调度等
	生产加工	将投入品转化为最终产品形式的相关活动，如机械加工、部件组装、产品包装、设备维护与检修、外观印刷、设施管理等
	外部物流	集中、存储和将产品发送给客户的相关活动，如产成品库存管理、原材料搬运、送货车辆调度等
	市场营销	提供一种供客户购买产品的方式和引导客户购买的相关活动，如广告推广与促销、销售组织、渠道选择、渠道关系、产品定价与报价等
	服务	提供服务以增加或保持产品价值的相关活动，如安装、维修、培训、零部件供应等

续表

活 动 类 型		说　　明
支持活动	采购	对企业价值链进行投入的各种活动，既包括对生产原料的购买行为，也包括与支持性活动相关的购买行为（如研发设备的采购等）
	技术开发	在研发、生产、供应等价值链活动中，确定的工艺要求、制造路径、作业程序、质量控制等技术文件
	人力资源管理	包括涉及所有类型人员的招聘、雇佣、培训、开发和酬劳等各种活动。人力资源管理对基本活动和支持活动起到辅助作用，并支撑着企业整个价值链
	企业基础设施	包括总体管理与计划、财务、会计、法律、质量管理等活动

波特认为，采购、技术开发和人力资源管理这 3 项活动涉及企业多项业务与活动的组合，因此，它们是为所有基本活动提供支持保障的；技术开发中的技术，是指各项主要活动所涉及的基础性、平台性技术，以及工艺技术、设备技术等。波特的价值链理论简单、清晰，为我们提供了一个十分重要的业务框架，企业的各种价值创造活动就是战略落地的关键环节，指导着企业内部架构的设计。

3.3.2　分析流程规划内容

流程规划能帮助企业全面地识别其业务现状，判断其组织流程是否合理，并以此绘制企业流程体系结构图，指引企业流程管理工作的开展。表 3-10 所示为企业流程规划的目标。

表 3-10　企业流程规划的目标

序　　号	目　　标
1	从全局视角识别与规划企业的流程，明确业务流程的价值输入、输出，理顺流程运作关系，并满足战略的要求
2	通过对流程的分级分类，便于实现流程的层级管理
3	识别出关键的流程，从而能够把有限的精力转化为最大的价值，有利于流程管理人员对组织流程网络的清晰把握与控制管理
4	准确地任命流程责任人，从而解决谁对流程负责的问题，这样能够实现对流程的针对性管理，进而让流程管理工作得到落实

为了确保达成目标，以及能够顺理成章地开展流程管理工作，企业应当做好业务流程的规划工作（见表 3-11）。

①识别企业流程清单，即收集与分析企业现有的流程，明确流程输入者（提供者）、输出者及接收者，并确定流程的基本走向，从而能够对现有的流程有一个总体把握，掌握流程之间的内在联系与潜在改进点。

②在企业的各种流程中，每个高一级的流程都是由低一级的流程构成的。每个流程可以细分为每一项作业，每一项作业再往下细分，又可以细分为对应岗位的任务。流程通过层级划分，可以使其复杂程度逐级降低，使流程管理工作趋于清晰化、精细化。

③识别核心流程需要对流程进行重要度的评估，将企业有限的精力和资源投入核心流程管理上，使得企业在进行流程优化与再造时，能够有目标、有选择地进行重点改造。

④流程责任人的任命能实现其对流程从开始到结束的全局负责，确保流程的整体效率和关键环节的衔接度，保证流程管理工作能够得到有效的落实。

表 3-11　流程规划的一般内容

管 理 内 容	说　　　明
总体流程识别	通过收集相关资料，系统性地发现、识别企业目前的工作流程，整理成流程清单，从而在较大范围与层次内对企业流程进行界定，为流程规划工作提供真实的依据
流程分级	根据流程的总体规划得到企业的一级流程，然后根据需要进一步分解，包括对一级、二级和三级甚至四级流程的分解
识别核心流程	通过流程分析，识别对企业成功关键作业的那些流程，即核心流程
流程责任判定	通过仔细分析流程，确定流程的职能部门，并且明确流程所有者的职责，让流程责任人把流程真正管理起来

3.3.3　构建组织流程框架

建立规范、完备、独立的流程框架能帮助企业描述流程清单和判断业务链的客户导向情况，并为后续的流程优化提供参考依据。某个企业可借助流程框架对标高水准的知名企业，以一种全新的跨行业的流程角度来审视组织。

图 3-8 所示为某企业基于战略运营的流程框架。

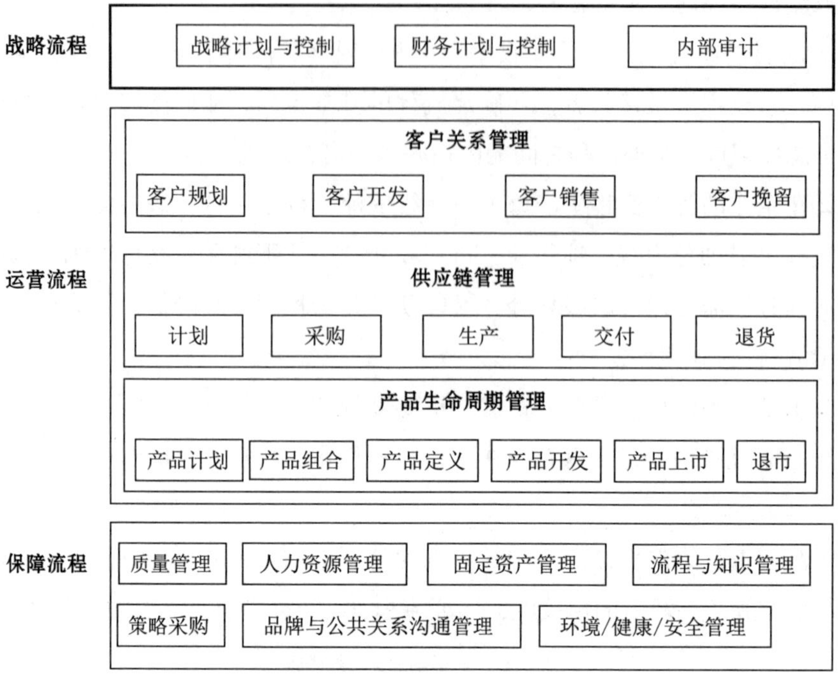

图 3-8 基于战略运营的流程框架

在图 3-8 中，流程框架被分为三大类型，即战略流程、运营流程与保障流程。其中，战略流程为战略目标管理的基本流程，战略流程运作结果将牵引组织的运作；运营流程为企业主体运作之依存；保障流程为企业战略目标的实现和流程运作提供支持保障功能。

在基本的流程功能界定后，围绕各功能覆盖进行业务内容的划分与流程的分解，确保各级流程之间紧密相连，共同推动总体战略目标的实现。

流程梳理可以采用流程通用框架来解析，如图 3-9 所示。

流程通用框架通常分为 5 个级别。其中，1 级流程为"链"，即业务价值链，是业务流程的主干；2 级流程为"段"，即运作模式流程，是运营模式层面的业务子流程，因业务场景不同而出现差异化；3 级流程为"块"，即业务能力 / 活动运作模式流程，是为实现运营模式所需要的业务能力与业务活动（与 IT 系统的选用不相关）；4 级流程为"线"，即工作流，主要描述业务与 IT 系统的交互过程／工作流（可以结合特定 IT 系统）；5 级流程为"点"，即业务／系统操作手册，通常是基于特定 IT 系统的，记录用户在 IT 系统中的具体操作步骤／详细规范。

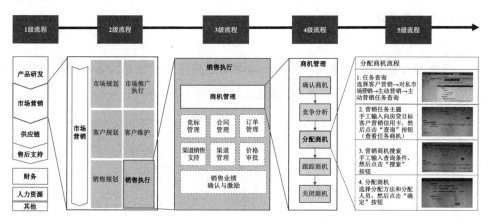

图 3-9　流程通用框架

企业在进行流程梳理及优化时，便可按照从 1 级流程到 5 级流程的顺序逐级展开。

3.4　结合流程设计组织

企业的组织包括纵向层级与横向协调，横向协调的工作在很大程度上要依靠流程来驱动。因此，在设计组织框架时，除了围绕战略的需要来设计框架，还要将业务流程纳入考虑范围。

3.4.1　梳理业务流程，分析流程效率

业务流程是指直接参与企业经营运作、创造价值的一系列活动的组合，要根据企业具体的业务情况和存在差异而定，它承担着实现客户需求的任务，是每个企业运作的核心流程。

【管理研究】业务流程的定义

迈克尔·哈默与詹姆斯·钱皮将业务流程定义为：我们定义某一组活动为一个业务流程，这组活动有一个或多个内容输入，输出一个或多个结果，这些结果对客户来说是一种增值。

企业进行业务流程建设，依靠流程驱动的最终目的就是为客户创造价值，系统化地解决客户需求，实现企业的目标（见图 3-10）。

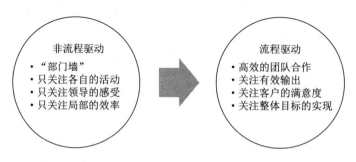

图 3-10　流程驱动为企业带来的效益

同时，高效顺畅的业务流程可以增强企业对外部变化的反应能力，也是企业战略执行的一大重要保障。

华为在流程建设上，建立了以业务为核心的三大流程体系，打通前后端，实现了高效的流程化运作，更加直接地满足了客户需求（见表 3-12）。

表 3-12　华为核心业务流程体系

序　号	流 程 体 系	说　　明
1	IPD（集成产品开发）	分为需求管理、战略规划、产品规划、技术规划、技术开发和产品开发六大模块
2	LTC（线索到回款）	从营销视角建立"发现销售线索—培育线索—将线索转化为订单—管理订单执行／汇款"的端到端的流程
3	ITR（问题到解决）	不仅是售后服务领域的事情，实际还涉及服务、生产、研发、市场等诸多部门及全流程

企业还可以通过画出流程图、描述各个环节规范等方法来对业务流程进行定

期梳理，发现流程现有的问题，为接下来提升流程效率的优化措施找准切入点。

"正向梳理"与"逆向发现"相结合是华为梳理流程的独特技巧：对已完成的流程进行正向梳理，预估各个环节衔接的流畅度；同时，采用逆向思维的方法，找出流程中的缺陷，做出改进与优化。具体反映到流程中就是每条产品线都组建两支队伍互相对抗，一支队伍进行流程规划时，另一支队伍就想方设法找出该队伍规划中的缺陷。

华为遵照 ECRS 法则来提高流程效率。ECRS 法则，即取消（Eliminate）、合并（Combine）、调整顺序（Rearrange）、简化（Simplify）。在进行 5W1H 分析的基础上，寻找流程改善的方向，去除多余的工作环节，以提高工作效率。

任正非曾说过，没有流程就保证不了质量，流程是质量之本；但是，业务流程随着时间和业务的变化，是需要不断优化的，只有业务流程不断的优化和改进，华为的流程才不会死板和僵化。一个流程即便有着合理的逻辑结构，企业也应该将流程梳理与优化作为一项日常工作，定期检查业务流程的现状，重视流程效率的提升。

3.4.2　分析组织架构与流程的匹配性

业务流程要落地，就需要组织架构与业务流程相匹配。具体来说，就是需要企业对业务流程进行分析，把业务流程层层分解并细化为具体操作的活动流程，组织架构中要有与之相匹配的角色岗位、决策体系、考核体系。

2020 年，笔者曾为某公司开展了一次组织变革的相关咨询。变革前，该公司的业务以传统的人力资源服务为主，各个业务部门之间相互独立，各司其职，如图 3-11 所示。随着人力资源服务行业的快速发展，客户需要的是能够提供整体解决方案的服务机构，且新兴人力资源服务机构开始涌现，市场竞争日趋激烈。在这样的背景下，该公司开始探索更多的成长业务和新发展业务。可是在现有的组织模式下，公司按不同的产品类型划分业务部门，各个业务部门独立承担产品的研发、销售、交付等任务。

随着公司业务的发展，旧的组织模式问题逐渐凸现：各个业务部门之间的"部门墙"厚重，部门员工只顾维护现有业务，无心拓展新业务的增长点。为了提升组织架构与业务流程的匹配性，公司也在积极寻求组织变革。

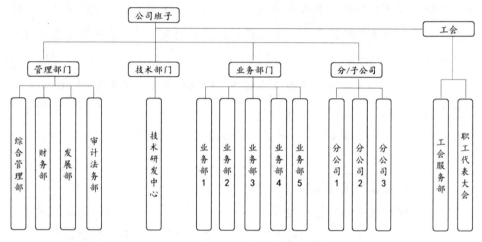

图 3-11   某公司变革前的组织架构

笔者通过调研发现，该公司的组织架构与现有及新发展业务流程极不匹配，如表 3-13 所示。

表 3-13   某公司组织架构存在的问题

序 号	问 题
1	组织架构缺少对业务流程的支撑
2	部分部门职能定位不明确
3	部门间的协同机制不畅通
4	岗位设置缺乏合理性

企业不能安于现状，也不能缺乏进取精神。企业应当破除惯性思维，从组织与战略的匹配性切入，揭露组织架构存在的问题，为组织架构优化明确方向，牵引组织开展以业务流程为导向的变革，实现组织与流程的适配，最终确保组织始终保持活力，实现可持续发展。

3.4.3　明确组织架构优化的方向

通过分析组织架构与业务流程的匹配性，公司可以找出组织架构存在的问题，这也明确了下一步进行组织架构优化的方向。

笔者团队根据现代化企业管理要求，对该公司的业务及业务流程进行了详细的梳理，并结合业务战略和重点业务需求，有针对性地优化了该公司的组织架构（见图 3-12）。

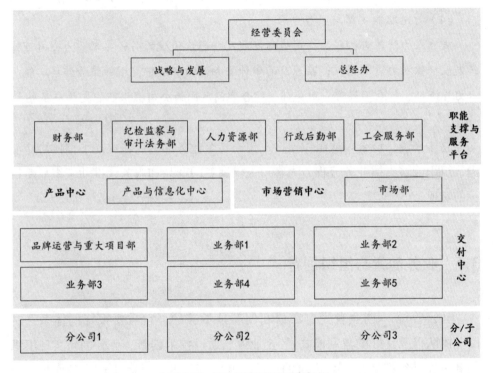

图 3-12　某公司优化后的组织架构

（1）打造市场营销中心

市场部发挥作战指挥中心和职能中心的作用，贴近客户的各区域市场分 / 子公司则成为直接的市场抓手。这就将原先由各个业务部门各自抓市场的分散模式转变为统一市场接口的模式，以此减少部门间的"本位主义"，增强公司的市场开拓能力。

（2）打造交付中心

成立品牌运营部与重大项目部，与各个业务部门共同成为公司的交付中心。在此模式下，各个业务部门只承担交付角色。如果是常规项目，则由各个业务部门牵头交付；如果是重大项目，则由品牌运营部与重大项目部牵头交付，并由其负责拉通各个业务部门，共同为客户提供及时、准确、优质的交付。

（3）打造技术中心

成立产品与信息化中心，一是强化公司的产品研发能力，二是打通产品需求和信息化平台建设之间的渠道，让信息化真正成为服务于产品与业务的有效手段。

（4）打造职能支撑与服务平台

成立人力资源部，根据公司战略发展及公司价值观的引领要求，为公司可持续发展提供人力资源保障；在原有的审计法务部的职能中，增加纪检监察职能。人力资源部、行政后勤部、财务部等综合部门共同为公司提供职能支撑与服务。

总体来说，该公司从组织架构上拉通各个业务部门后，提高了整体协作能力，组织能够支撑业务流程，为客户提供满意的产品和服务，推动组织战略目标的实现。

3.5　业务创新与组织创新

马云曾说："创业者光有激情和创新是不够的，它需要很好的体系、制度、团队以及良好的盈利模式。"企业应当通过技术创新、业务创新实现组织创新，提升组织满足客户需求的灵活性和敏捷程度，进而实现业务增长、企业成功。

3.5.1　以业务战略为驱动，持续升级组织

在移动互联网时代，信息技术的发展使得各行各业的准入门槛都在降低，行业内的竞争形势愈加激烈，企业唯有实现组织创新，方能在"恶战"中夺取

制胜点。组织创新不应该为创新而创新，而是应当受业务战略的驱动去创新，创新的成果一定要反馈到业务中去，为业务带来增长。

阿里巴巴 CEO 张勇认为，商业竞争最终会变成组织的竞争。企业要建设一个适应新生产力的组织生产关系，组织方式需要由树状向网状结构转变；组织架构应当形成"小前端＋大中台"的架构；在人才上，放手让更多年轻人掌舵。

2015 年，阿里巴巴对组织进行了一次系统性的组织变革。按照"小前端、大中台"理念，设立了阿里巴巴中台事业群，同时授权给各个业务单元，并让一线人员组成"班委"以快速反应前端业务需求。张勇指出："敏捷的前端＋强大的中台"是阿里巴巴一直在思考，并已经开始实施的重要组织升级。阿里巴巴已经挑选了一批业务精英，并授予他们充分的人事、财务、决策权力，提供完善的技术和数据支撑，由他们独立领导一个小团队推进业务，以形成更为灵活的网状组织架构。张勇说："一个几十人甚至十几人的小团队，目标清晰，反应迅速，有自由决策的空间，在数据和技术的'炮火支援'下，撬动的生产力往往可以抵上一个大型企业。"当然，以业务战略为驱动，更多的是依靠强大的中台系统。阿里巴巴的中台是一个事业群，负责管理和开发集团最重要的"数据"资产。

2017 年，阿里巴巴在提出"五新"战略（新零售、新金融、新制造、新技术、新能源）后，再次对组织架构进行全面的升级，主要是将阿里云事业群升级为阿里云智能事业群，系统结合中台的智能化能力和阿里云，创造出了更为灵活与创新的组织架构。为了应对云计算时代的挑战，阿里巴巴还将继续对组织架构进行演变和升级。

在企业发展的历史长河中，如果忽视组织架构的升级和业务流程建设，就会造成员工工作效率低下，进而影响组织战略落地。因此，企业要以业务战略为驱动，不断对组织架构进行优化，以支撑战略的高效执行。

3.5.2　借阿米巴经营模式，助推业务增长

移动互联网时代对组织提出了更自主、灵活和敏捷的要求，很多公司会将组织内部的业务单元进行划分，形成一个个独立核算的小经营体，彻底地激发这些小经营体的活力，其中最为经典的就数阿米巴经营模式了。

【管理研究】稻盛和夫的阿米巴经营模式 ①

阿米巴经营是通过一个个小集体的独立核算来实现全员参与经营、凝聚全体员工群策群力的经营管理系统。

这套经营管理系统的目的有 3 个：①各经营体独立核算；②全员参与经营；③培养具备经营意识的人才。

稻盛和夫被誉为日本的"经营之圣"，他创办了京瓷公司和 KDDI（日本的一家电信运营商），两家公司均进入过世界 500 强名单。2010 年，日本航空公司（以下简称"日航"）申请破产保护，稻盛和夫受当时的首相之托执掌日航，仅一年有余，日航就扭亏为盈，创造了 1884 亿日元的高额利润，是当时同类公司的 3 倍。2012 年 9 月，日航再次在东京证券交易所上市，创造了日本的商业奇迹。当稻盛和夫谈到日航涅槃重生的秘诀时，他的回答是——阿米巴经营。

所谓阿米巴经营，是指通过架构设计，形成一个个独立核算的小经营体，这些小经营体由员工决策经营并自负盈亏，以此来挖掘员工的潜力、提升员工的热情、增强员工的责任心，营造良好的竞争氛围，激发企业活力。

韩都衣舍的成功源自他们在一开始就参考了阿米巴经营模式，其设计了"小组制"的运营模式，并在此过程中不断摸索和完善。

（1）单品全流程运营体系

韩都衣舍现在有近 300 个小组，每组有 1～3 名成员，负责服装选款、页面

---

① 稻盛和夫. 阿米巴经营 [M]. 曹岫云，译. 3 版. 北京：中国大百科全书出版社，2016.

制作、产品管理等非标准化环节，3 名成员中由经验丰富、能力出众的人担任组长。在小组内实现责权利的统一，制订计划，充分授权，给予小组自由度。小组在公司的公共服务平台上自主经营，这样便培养了员工的经营意识与竞争意识，缩短了产品的设计周期、到货时间并减少了库存余量，小组的生产模式让员工的效率更高、公司的绩效更好。韩都衣舍小组成员组成，如图 3-13 所示。

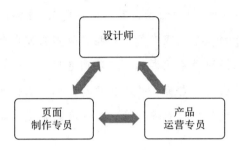

图 3-13　韩都衣舍小组成员组成

（2）"倒三角"管理模式

韩都衣舍选择赋能型的"倒三角"管理模式。客户在顶端，通过这种组织结构的调整，让员工组成的作战小组最贴近客户，高管团队担当赋能的一个角色，他们的任务是整合、分配小组需要的资源。命令从作战小组由上至下下达，资源从高管团队由下至上整合。作战小组负责服装选款、页面制作、产品管理等非标准化环节，平台负责技术支持、物流仓储管理、客服和供应链管理等。韩都衣舍形成了"小前端＋大中台"的架构，整个公司作为一个平台，为前端的作战小组赋能（见图 3-14）。

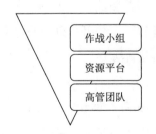

图 3-14　韩都衣舍"倒三角"管理模式

（3）小组制的激励体系

公司内部不设淘汰机制，但是每天会根据品牌自动更新销售排名，并根据排名发放小组奖金，具有极强的激励作用。韩都衣舍的小组都是自由组合而成的，小组若长期排名靠后，缺乏奖金的激励，小组成员自己就会存有解散本小组的想法。而韩都衣舍的另一项规定"组员离开进入其他新的小组后，该组员一年内获得的奖金的10%归原组长，算作培训费"，这样离开的人所在的小组会较容易放手，离开的人也会理直气壮一些。韩都衣舍内部员工拥有的业务能力都不强，他们所担任的角色就类似于"培训老师"——带领新员工。因为这部分员工的能力并不出众，老员工并不愿意与他们组队，他们通过带领新员工熟悉组织业务，组员脱离后收取培训费。这些激励制度保障了小组制在组织中的稳定性与灵活性。

在阿米巴经营模式下，公司一方面给予小经营体充分的自主权限，让它们自主进行业务决策，提升产品运营效率；另一方面，制定目标细化考核，提升产品利润的同时也降低了运营风险，打造了组织核心的竞争优势。

3.5.3 面向未来，打造市场化生态组织

为了应对外部环境的不确定性，提升组织创造力和敏捷灵活程度，杨国安和戴维·尤里奇提出了一种新的组织模式——市场化生态组织，它为组织提供了一条综合性的、完整的组织革新路径。市场化生态组织以外部市场为核心导向，合理规划资源与人员配置，聚焦开拓新市场，打造高效且敏捷的团队，保持组织灵活性，激发团队的创新活力。

2017年，京东提出组织要向"积木型"嬗变，基于这一构想，隆雨（曾任京东首席人力资源官及首席法律顾问）提出京东人力资源管理的"OTC价值主张"（OTC是Organization、Talent、Culture三个单词的首字母）：制胜未来，组织先行；战略落地，人才先行；基业长青，文化先行。

（1）制胜未来，组织先行

在 OTC 价值主张下，京东提出了建立客户导向的网络型组织、建立价值契约的钻石型组织和竹林共生的生态型组织（见图 3-15）3 个革新措施，分别对应组织管理机制、组织价值驱动和组织开放生态 3 个方面。

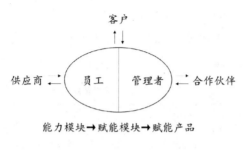

图 3-15　竹林共生的生态型组织

京东在内部搭建一个开放的任务平台，将客户需求分解成任务在平台上发布，公司内部的相关团队就可以对其进行投标，团队、部门、领导都不再固定，而是根据需要、根据任务来组建，并将权力充分地授予这些与客户联系紧密的前台作战团队。用任正非的话说就是，让一线能够听得见炮火声的人来做决策。中台做好技术革新与技术开放，支撑前台的业务作战，提升管理效率，专注解决前台需求。建立网状评价关系，团队、部门、领导都是临时的，采用线状关系进行评估的结果往往是不够准确的。京东采用组织内外两张网，实时收集和汇总分析所有网状关系人的评价反馈，助推员工在不同团队中的灵活流动。

京东认为企业未来是通过心理契约、价值认同凝聚人才的，通过价值驱动实现整体价值的创造。未来的人才能力呈正 T 型，横向与纵向分别代表广度和深度；组织呈倒 T 型，纵向与横向分别代表提供的平台价值和发展空间。京东希望在纷繁复杂的环境中保持领先的地位，也能帮助到他人前行。

京东通过生态圈的交互，消除内部员工、管理者与外部客户、供应商、合作伙伴的壁垒，将内外部的资源、能力进行整合，逐步完善基础能力模块、产出赋能模块乃至解决复杂问题的赋能产品积木，从而实现对外进行赋能。

京东最终是要建成一个竹林共生的生态型组织，共生包含开放、赋能、共创，以实现包容性增长。竹林中每根竹子的根系交织在一起，相互交叉、渗透、联系，象征着未来的生态伙伴之间从业务、人才到组织都会有紧密的联系与合作。

（2）战略落地，人才先行

2017 年，京东与生态伙伴发起建立人才生态联盟，联盟规划的关键词是"无界"，联盟希望促成无界学习、无界成长、无界选人、无界用人的新格局，打破人才资源屏障，形成多样化的企业之间的合作模式，相互赋能（见表 3-14）。

表 3-14　人才生态联盟新格局

新 格 局	做 法
无界学习	打造线上平台，各企业共享人才培养课程，形成人才培养专题系列内容
无界成长	对接线下培训项目，明确员工成长路线，定期开展联盟峰会，交流分享人才培养经验
无界选人	搭建人才发展和孵化平台，联合校园招聘计划，简化招聘流程，提升招聘效率与效果，企业之间共享人才
无界用人	企业之间轮岗，多个企业对人才进行跨模块与跨领域的交替培养，共育人才

京东在人才招聘与培养的过程中还注重打造跨界人才，即在专业领域精通扎根，通用素质延伸拓展，成为 T 型人才。往往是这类一专多能的人才，能够在企业中得到更多的机会和更大的发展空间。

（3）基业长青，文化先行

京东不断对企业文化进行优化升级。京东认为，未来企业引才、留才的关键在于自身独特的文化价值观。京东的文化理念包括使命、愿景和核心价值观，如表 3-15 所示。京东强调客户导向，重视技术创新，感恩与拼搏也在核心价值观中有所提及。

表 3-15　京东的文化理念

文 化 理 念	内 容
使命	技术为本，致力于更高效和可持续的世界
愿景	成为全球最值得信赖的企业
核心价值观	客户为先、诚信、协作、感恩、拼搏、担当

为了确保文化理念的落实，京东还设计了价值观积分卡与行为规范"铁律十四条"，提升管理者与员工对于文化价值观的参与度，对符合公司价值观的优秀员工给予及时的认可与激励。

曾任京东集团京东大学校长的李庆欣谈道："生态的发展是一个自然而然的过程，我们很难去判定在这个生态中会产出怎样的物种。最重要的是，在生态中保持开放共享的心态，维持健康的环境，尽量引导生态中的物种正向成长。"生态型组织倡导以一种互惠互利、共享共赢的方式去携手应对变幻莫测的未来。

第 4 章
管控与授权机制

好的组织需要人员、文化、系统、业务、流程等要素互融互促，共同推进组织战略目标的实现。在组织设计的过程中，决策机制、分权与授权管理、信息沟通渠道和监督体系的合理建设都是组织平稳运营的有效保障。

4.1 领导力与组织发展

当今时代，企业规模扩大后，组织管理混乱、员工效率低下的现象屡见不鲜，提升领导力成为很多企业重点关注的课题之一。

4.1.1 领导力是牵引组织发展的根本

领导力是员工绩效提升、团队快速发展的助推器，对于组织发展有着至关重要的影响。组织各级管理者对领导力均有一定的需求，在身处种种困境之时，领导者与被领导者才能不惧艰难险阻，赢取胜利的果实。

【管理研究】领导力的定义

美国领导力研究中心（CLS）创始人、主席保罗·赫塞认为："领导力是对他人产生影响的过程，影响他人做本来他可能不会做的事情。"

华为通过对公司内部数十位成功领导者进行访谈，得出公司的干部九条：关注客户、建立伙伴关系、团队领导力、塑造组织能力、跨部门合作、成就导向、组织承诺、战略性思维、理解他人。

21世纪，企业不再局限于传统的组织形式，灵活雇佣、合伙人制、网络型组织越来越多地出现在组织当中，就如德鲁克所说过的，我们正在走向一个网络化社会，而不是雇员社会。优秀的企业特别强调领导力为团队赋能、为员工助力，通过管理者与团队成员的紧密交互，高效达成既定的组织目标。

萨提亚·纳德拉是微软的第三任CEO，在他上任的7年多时间里将微软市值提升至2.18万亿美元，位列全球第二。正是纳德拉在微软内部推行的文化重塑和战略转型，造就了微软今天的成就。2014年年初，微软被纳德拉接手时，它并不被华尔街与硅谷所看好。当时的科技产业已经从电脑端转向移动端，从微软的 Windows 转向苹果的 iPhone 和谷歌的 Android，微软的市场份额也在逐年被挤占。

微软不再固守 Windows，而是拥抱未来，主动与竞争对手示好，形成合作关系。2016 年，微软基于业务发展收购 LinkedIn，后者庞大的专业用户数量为微软提供了一个强大的数据库。在此之后，微软还收购了数家公司，获取数据洞察的相关技术并为之后的微软人工智能技术夯实了基础。

纳德拉还重塑了微软的使命文化。在比尔·盖茨时代，公司使命是"让每个办公桌和每个家庭上的电脑都在运行微软的软件"，纳德拉提出了一个更现代化的版本："予力全球每一个人、每一个组织，成就不凡。"在企业内宣扬意志型思维方式与成长型思维方式，要求员工更好与家人、同事、客户进行沟通合作。纳德拉把微软的文化和商业战略提到了一样的高度。

领导力不仅是指明企业前进方向的灯塔，它更是提高业务团体人均效率的有力武器，是员工执行力的保障。

项目招标中，某公司召集了 19 名大区内相关业务模块的骨干精英组成项目团队，大家埋头奋战一个月，其间一会儿需要改投标书，一会儿需要改方案，项目组成员被驱使得疲惫不堪。然而，最后却是另一支只有 6 名组员的项目团队取得了竞标资格。在总结复盘时，他们发现组内长期意见不统一，组员盲目跟随领导者的决策，而领导者因为时间紧、任务重，决策也只是下发到组员，要求他们配合执行，却从不做解释沟通工作。

通用电气总裁杰克·韦尔奇曾说过，一个首席执行官的任务，就是让你周围的人不断地成长、发展，不断地创新，而不是控制你身边的人。个人的能力是有限的，优秀的企业领导者最重要的任务就是要明确企业的发展方向，将团队打造成为精锐之师，以领导力驱动组织的发展。

4.1.2 明确领导者的角色与职责

谈及华为，很多人想到任正非；谈及腾讯，很多人想到马化腾；谈及阿里巴巴，很多人想到马云……他们曾经或现在仍是公司的最高领导人，其一言一行还是会深深影响着公司的发展，他们已然成为自己所创建或管理的公司的一块活招牌。

领导者在企业活动中最需要扮演好的两大角色：传道者与设计者。

（1）传道者

传道者是指领导者需要明确组织赖以生存的战略、价值观、企业文化，在组织中传播正确的思想，传播塑造企业之魂。在不确定的市场环境面前，领导者应当具有坚定的信念与正确的价值观念，带领组织成员理解变化、接受变化，并把握变化带来的机遇，彻底激发每一位成员的潜力。

2000 年，华为当年的销售额达 220 亿元，利润为 29 亿元，位列全国电子百强之首。可任正非对公司面临的处境有一个清醒的认识，并在《华为的冬天》一文中写道："公司所有员工是否考虑过，如果有一天，公司销售额下滑、利润下滑甚至会破产，我们怎么办？"呼吁员工居安思危，关注人均收益指标降低这一严重问题，并提出相应的应对方法是将管理规范化、工作模版化，即建立管理与价值体系，提升公司整体的核心竞争力。

每一次机遇都孕育在变化之中，然而人们应对变化的反应是抵触与反抗的，就如华为实行 IPD 项目时受到阻碍，正是任正非点明 IPD 项目对于华为的迫切性，帮助员工理解、接受、加入这项变革，推动其在全公司的进行，显著提升了产品研发的效率。

（2）设计者

领导者不仅需要有市场洞察、变化感知、人际沟通的能力，还要有把这些方面转化成实际的组织架构、制度规范、产品服务的能力。

2018 年 9 月 13 日，小米创始人雷军发出内部邮件，宣布了小米集团最新的组织架构调整结果。此次组织架构调整主要涉及两个方面：一是新设集团组织部，负责中高层管理干部的聘用、升迁、培训和考核激励，以及各个部门的组织建设和编制审批，这意味着小米成了我国第三家专门设置人力资源部以外的专设机构进行核心团队管理的企业；设立集团参谋部，协助 CEO 制定集团的发展战略，并督导各个业务部门的战略执行。二是将小米原有的电视部、生态链部、MIUI 部、互娱部拆分成了 10 个部门，其中 4 个互联网业务部、4 个硬件产品部、一个技术平台部和一个消费升级的电商部。

领导者要想扮演好设计者这一角色就应当思考清楚，组织的架构、制度、产品服务如何更好地围绕员工、客户等利益相关方，为他们创造更多的价值。

现今时代的领导者需要履行好职责，才能确保企业取得成功（见表 4-1）。

表 4-1 领导者所应履行的职责

序 号	职 责	说 明
1	明确使命愿景，制定战略目标	领导者要认清组织存在的目的和意义，明确组织的使命愿景，与员工形成共同的文化价值观；制定战略目标，寻找实现目标的可行方法与路径，畅通组织内部的信息交流渠道
2	营造组织氛围，激发员工潜力	领导者的管理行为最终会塑造组织氛围，形成企业文化；领导者应该致力于创造一个有利于员工开展业务的良好环境，优秀的领导者更能高效地发挥出团队成员的能力
3	领导者率先垂范，勇担决策风险	领导者的行为方式更能有效地影响员工的一言一行，领导者率先垂范更能激励和鞭策员工的努力；对于决策所带来的风险，若领导者争相推卸责任，对于员工积极性将是致命的打击

在领导者能勇担组织的传道者与设计者重任，履行相应的职责时，自己的领导能力和管理魅力也会由此得到极大的提升。

4.1.3 领导方式要匹配业务发展需求

同时且完美扮演好传道者与设计者的工作是一项极其困难的挑战，领导者通常采用多种领导方式来对角色进行演绎，组织中的实际情况是：领导方式是需要匹配业务发展需求来进行的。

领导方式是指领导者在工作场景中所表现出的独特的、稳定的、具有倾向性的行为方式，它是根据个人经验、生活经历等多方面因素形成的工作方法和行为习性。笔者在咨询实践中发现，参与式、交易式和仁慈式是当今企业管理者使用最为常见的 3 种领导方式（见表 4-2）。

表 4-2　常见的 3 种领导方式

序　号	领导方式	解　释
1	参与式	通过一系列激励手段鼓励团队成员为日常决策提供观点或思路，改进领导决策结果，从而提高团队成员的积极性
2	交易式	根据团队成员从事工作的差异性，为其量身制定目标，通过精神、物质等激励方式，鼓励员工努力朝着企业所制定的目标前进
3	仁慈式	在生活及工作中对团队成员提供持续性的关怀，营造良好的部门氛围，提升团队成员的忠诚度和创新性

领导者的领导方式与领导行为还必须适配自己所处的业务团队与业务生命周期，确保能够满足业务需求。

（1）不同部门的团队之间存在差异

对于业务部门的领导者而言，他们需要能够带领团队在产品市场争抢份额，应敢于拼搏，更适配参与式领导方式；鼓励团队成员为日常决策提出观点或思路，改进领导决策结果，从而提高团队成员的积极性。对于管理支持职能部门的领导者而言，部门工作专业性较强（如财务部门、人力资源部门等），这些团队成员往往不能直接创造价值，更多的是起到对价值创造活动的支撑保障作用，需要有洞察意识和服务意识，领导者适合采用交易式领导方式；根据团队成员从事工作的差异性，为其量身制定目标，通过精神、物质等激励方式，鼓励员工努力朝着企业所制定的目标前进。对于技术支持职能部门的领导者而言，工作更偏向于技术方面，思维更具整体与创新，需要长期的研发投入，需具备长远眼光，更适配仁慈式领导方式；对团队成员提供持续性的关怀，营造良好的部门氛围，提升团队成员的忠诚度和创新性。

（2）不同业务生命周期之间存在差异

处于不同业务生命周期的部门领导者需要的领导能力、领导方式及方法也存在差异。对于进入新市场探索期的业务部门来说，此时部门的人力、物力都紧缺，在业务市场站稳脚跟是他们最为关注的点，处于这一周期的领导者需要有创新、创业思维，以及大胆的产品策略和敢于拼搏的进取心。对于成长期的业务部门来说，此时是业务急速扩张的时间点，不管前期的准备有多么充分，人员还是会紧缺，这就需要建立良性的人员补充机制，从外部寻觅、内部提升两条渠道来获取业务人才。同时部门也需要建立多项标准，这一时期是业务的扩张期也是部门制度机制的形成期，部门的领导者应当耐得住性子，思虑周全，管控风险，注重业务的高质量。对于成熟期的业务部门来说，部门已实现条理化、制度化、稳定化，业务也得到了有序发展，领导者应做好目标管理，保证团队成员的积极性与工作效率，整合部门内部资源，解决突发的矛盾冲突。

简而言之，没有哪一种方式能够一劳永逸，所有的情境都有其最为适用的方式。组织中不同部门团队成员和业务生命周期的部门领导者都需要根据其特点及需要来做出选择与调整。

4.2　横向分权，纵向授权

澳大利亚管理专家彼特·史坦普曾说过："成功的企业领导不仅是授权高手，更是控权的高手。"任正非也认为，未来公司的有效治理局面是统治与分治结合、分权与授权并重。在华为内部，统治系统各机构之间（如董事会与监事会之间）是分权制衡的关系，而统治系统与分治系统间是授权与监管的关系。

4.2.1　顶层架构采取集体领导制

为了应对不确定的市场环境中的激烈竞争，许多公司的最高领导层并非只设置一人，而是由一批职业领导者组成高管团队，从战略、组织、未来的角度来决定公司的发展。

【管理研究】华为集体领导制的原则

公司在治理层推行集体领导，不将公司的命运系于个人身上，集体领导遵循共同价值、责任聚焦、民主集中、分权制衡、自我批判的原则。

华为高管团队成员的特点有 3 个：成员善于学习，他不一定有行业之才，但必定有管理之能；成员经验丰富、专业能力出众、善于应对和解决冲突；成员行动相对独立，团队责任清晰、责权对等。任正非对徐直军（3 位轮值董事长之一）的评价就是——总能先于他人闻到任何机会。

华为在业务市场犯了一次冒进错误后，任正非意识到：个人决策模式效率很高，但对外部的感知判断力有限，容易引发商业风险并危及公司命脉。

2004 年，美国某咨询公司在帮助华为设计公司组织架构时提出华为还没有中枢机构，于是协助其设计了高层决策机制，并成立了 EMT（Executive Management Team，经营管理团队）。公司重大战略决策均由 EMT 决定，因任正非拒绝担任主席一职，主席便由 EMT 成员轮值担任，故轮值 EMT 主席制度成立。随后，这一制度逐步演变成轮值 CEO 制度，并最终于 2018 年 3 月形成华为现有的公司内部治理架构——轮值董事长机制。

公司坚持以客户为中心、以奋斗者为本，持续优化公司治理架构、组织、流程和考核机制，使公司长期保持有效增长。

股东会是公司权力机构，对公司增资、利润分配、选举董事 / 监事等重大事项做出决策，下设董事会及常务委员会、监事会、独立审计师 3 个机构，如图 4-1 所示。

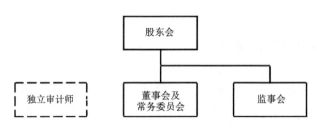

图 4-1　华为顶层设计架构图

董事会是公司战略、经营管理和客户满意度的最高责任机构，承担带领公司前进的使命，行使公司战略与经营管理决策权，确保客户与股东的利益得到维护。

公司董事会及常务委员会由轮值董事长主持，轮值董事长在当值期间是公司最高领袖。

监事会的主要职责包括对董事/高级管理人员履职监督、公司经营和财务状况监督、合规监督。

自 2000 年起，华为聘用毕马威作为独立审计师。独立审计师负责审计年度财务报表，根据会计准则和审计程序，评估财务报表是否真实和公允，对财务报表发表审计意见。

华为的轮值董事长机制通过轮流执政的管理方式，构建了一种和谐的管理体系，让更多人参加重大问题的讨论，提升了领导团队的决策能力，更重要的是培养了接班人群体，领导团队成员也可以相互学习、共同进步。

4.2.2　权力下放，形成分层授权体系

华为当下建立的就是分层授权体系（见图 4-2），每层管理者承担各自的责任。华为也在下放权力，让大区代表处、一线作战团队能够自主决策，拥有更多的权力，同时肩负更多的责任。

图 4-2　华为分层授权体系

总部作为第一个层级，具有执行监督职能，实施资源配置的组织战略引导并对总部的董事会、监事会成员进行选聘和考核，是分层授权体系中的决策者。

BG 作为第二个层级，通过组建专业化平台，承担企业业务模块配置的任务，得到总部授予的经营管理权力进行资产运作、运营调整、领导协调等管理行为。

BU 作为第三个层级，是整个分层授权体系的底层，各自进行市场的经营与运作，接受上层和同层的监督，他们是具体行为的执行者。

在华为，公司未来的董事会代表公司的统治权力，是整个授权体系的最高层，具有强大的中央集权，通过统治平台来管制不同业务的分治。在总部的各统治系统如董事会与监事会之间是分权制衡，但是统治到分治不是分权而是授权，监督权紧紧由公司抓牢，仅将经营决策权力授给下面的部门。因为接受了授权就要接受监管，要在合理的宏观统治下，让各 BG/BU 增加自身活力，而不是让它们脱离公司。

公司共同价值管理就是董事会承担的总责任，主要有 4 条：一是战略洞察；二是建立业务边界与管理规则；三是管理高层关键干部；四是监督。董事会的支撑平台是公司的主要职能部门，负有统治支撑责任；分治体系自己建设的平台负责操作和监督。

消费者业务管理委员会、ICT 基础设施业务管理委员会和平台协调管理委员会是华为分层授权体系的第二层。消费者和泛网络业务管理委员会有一定的分治权力；平台协调管理委员会支撑公司统治的协调权力，承接从董事会提出的主张与要求，做细节性的穿透工作，形成公司的共同平台。

2017 年，华为在研讨会上强调：解除机关／大区对代表处的约束，重新构建"小华为"与大华为之间的关系，以释放代表处的活力。华为就是让各个业务部门有自由运营的灵活机动，又有上层的管控，它们独自经营决策，这样互不牵制，管理也会更加便捷。

进一步将权力下放，优化分层授权体系，将指挥权、现场决策权下放至一线作战单元，要让听得见炮声的人有权力，一定要给前线作战部队交战的权力，以便更好、更快、更准确地解决客户需求，进一步支撑公司健康、可持续发展。

4.2.3　明确授权边界和管理边界

基于组织的分层授权体系，集团总部将经营决策权授权给事业部，并系统提供配套服务以支撑业务发展所必需的资源和制度倾斜，供其在事业部内能够自主决策。

京东在将经营决策权下放的同时，会将战略、品牌、财务、审计等权力牢牢把控在集团总部（见表 4-3）。而京东集团创始人刘强东也强调过，京东取得今天的成就，依赖于他们长期坚持的信念与原则。在第四次零售革命的潮头，他们仍将恪守管理铁律，持续开放创新。京东铁律十四条，如表 4-4 所示。

表 4-3　京东的授权边界和管理边界

方　面	集权措施（集团总部）	授权措施（事业部）
财务自主权	资源控制与重大预算审核	规划预算、额度内员工的定薪与调薪、使用奖金激励
人事自主权	高管的人事管理，选人、用人价值观是第一	总监及以下的人事管理
业务自主权	战略目标制定、风险管控、跨事业部资源调配	经营制度制定、营销策略与资源安排、日常事务管理

表 4-4　京东铁律十四条

序　号	铁　律	解　释
1	价值观第一原则	秉承价值观第一，能力第二；员工分为五类：金子、钢、铁、废铁和铁锈；团队结构为 80% 钢 +20% 金子
2	ABC 原则	人权、财权、事权和问责实行两级决策或追溯制度；日常审批项 A、B 两级应做出决策（除非涉及用户体验下降，否则必须由 CEO 审批方可执行）
3	一拖二原则	新上任管理者经所属条线 CXO（首席惊喜官）批准，最多可引进两位原部门下属到自己管辖的新部门
4	Backup 原则	所有总监级及以上管理者在现任岗位工作满一年时找出、三年内培养出预备继任者
5	No No No 原则	"协调 / 重要"工作需求不 Say No；凡涉及客户体验改进的要求的不 Say No；凡涉及公司未来业务发展的要求的不 Say No
6	七上八下原则	大胆提拔"七分熟"员工；管理岗位中 80% 的管理者从内部提拔

续表

序　号	铁　律	解　释
7	九宫格淘汰原则	绩效、潜力双维度形成人才盘点九宫格：7、8、9格重培养；2、3格重改善；1格员工要淘汰
8	两下两轮原则	所有管理者每年至少两次下一线支援；所有管理者、专家和产品经理每年至少两次去其他部门轮岗
9	8150原则	管理人员下属管幅不低于8人，仅直线管幅超15人时才能设平级或下级部门；基层管幅不低于8人，且仅直线下属多于50人时才能设置平级、下级部门或副职
10	24小时原则	管理者必须24小时内回复邮件，保证手机24小时开机并随时接听电话；员工必须24小时内解决需求或说明需求解决时间表
11	会议三三原则	内部会议核心内容不超过三页PPT，会议时间不超过三十分钟，决策会议不超过三次
12	考核铁人三项原则	聚焦关键驱动因素，KPI考核不超过三项
13	内部沟通四原则	内部沟通时间分配"721原则"（七下二平一上级）；汇报原则ABC，避免越级和漏级；沟通是平的，打破层级和官僚；做事牵头者负责，问题牵头者担责
14	组织"五开放"原则	周报开放；例会开放；数据开放；战略开放；人才开放

　　合理做好企业的分权与授权管理，可以减轻管理者的工作任务，腾出更多时间用于思考业务策略；可以提升员工积极性，发挥主观能动性，达成更好的绩效；还可以优化组织结构，提高流程效率，增强战略灵活性。

4.3　提高经营决策效率

　　决策是管理者日常工作的一大关键任务，是信息搜集、加工，最后做出判断、得出结论的过程。决策不仅要注重质量，还应当保证决策的效率。杰克·韦尔奇曾以6件毛衣作喻，强调快速决策与市场导向的重要性，企业必须对影响决策效率的制度、作风加以整治。

4.3.1　实施去中心化的群体决策

去中心化的群体决策并不是不要中心，而是多个业务部门协商决策，彻底打通"部门墙"。例如，华为 IPMT（Integrated Portfolio Management Team，集成组合管理团队）就是组织内部的一个群体决策机构，成员包括各个部门的最高主管。

IPMT 是一个高层跨部门团队，是 IPD 体系中的产品投资决策和评审机构，其负责制定公司总的使命愿景和战略方向，对各产品线运作进行指导和监控，并推动各产品线、研发部、市场部、销售部、事业部、服务和供应链等部门全流程的协作，制订均衡的公司业务计划，并对新产品线的产生进行决策。

【管理研究】IPMT 的议事原则

决策机构的成员均来自相关部门，形成少数服从多数的民主管理机制，该机构议事不管事，议事原则为：

①会前对材料认真阅读，会中进行充分的讨论，会后对决议贯彻落实；

②勇于表达自己的观点，积极参与讨论，不怯于发表不同的观点；

③尊重和听取他人的不同意见，所有讨论紧紧围绕主题，对事不对人；

④团队最高负责人有一票否决权，但无一票通过权；

⑤决议通过后，所有成员都必须认可，异议只能停留在会议讨论阶段；

⑥各部门负责人根据决议与分工，带领下属履行相应的职责。

这种民主集中制的管理防止了一长制的片面性，在重大关键决策上发挥了集体的智慧，是公司长期稳定发展的重要保障。

以 IPMT 对项目任务书的评审为例，它会对产品进行层层筛选和评估（见图 4-3），通过最终评审的产品才会组建 PDT（Product Development Team，产品开发团队）。

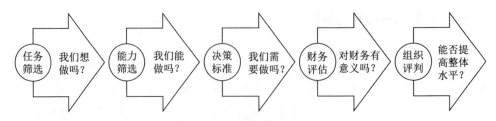

图 4-3　IPMT 的决策流程

　　2006 年，第一代 HLR（归属位置寄存器）频频出现问题，华为决定开发下一代 HLR，2007 年 1 月完成技术规划，3 月完成架构，4 月立项，到了 6 月，开发团队负责人王金城前往欧洲分公司听取客户意见，了解产品的架构和方向是否与客户的期望一致。在得到客户肯定的答复后，该产品线领导者集结了公司架构部、各产品线的总架构师 20 余人，组成了一个架构评估小组，耗时一个月对产品进行架构评审，最终提出了 38 个核心问题。王金城又带领团队成员，反复讨论验证，最终在 9 月，大家通过 CDCP（概念决策评审）、核心网 IPMT 两次会议，经过 5 个小时的讨论决策，终于吹响了产品开发的号角。

　　2008 年，HLRV9R1 推出；2009 年，王金城获得架构设计成功奖和最佳 PDT 奖；2013 年，该产品获得总裁嘉奖。王金城在事后说，当时他被折磨得很痛苦，老觉得所有人都在拖他们的进度。他们自己认为可以了，但领导一直让他们去见客户、去跟专家沟通。事后发现，正是这一次次的沟通，让他们看到了友商和客户，他自己也实现了突破与超越。

　　实行去中心化的群体决策一方面使得组织内部信息高度共享，团队可以借助公司平台获取需要的信息，员工的能力得到了极大的锻炼；另一方面，团队提出的产品、服务更加贴近客户需求，切实解决了客户的问题，因为这是方案能够通过群体决策判断的重要标准之一。

4.3.2　保障确定性事务的决策效率

　　如今，很多管理者遇事都想寻求开会讨论来解决，却不思考自己能否处理、能否决策完成，华为就强调开会不讨论确定性的事务，这既与华为长期以来所倡导的高效低成本相违背，又是由华为确立的对事负责的流程责任制所决定的。

【管理研究】《华为基本法》中对确定性事务的相关描述

为了更敏捷地响应客户需求，扩大确定性事务管理，减少非确定性事务管理、提高效率、堵塞漏洞，华为管理控制遵循此原则："凡具有重复性质的例常工作，都应制定出规则和程序，授权下级处理。上级主要控制非确定性事件。"

任正非在以往的干部培训及座谈会的讲话上，就对确定性事务的管理进行了更为详细的论述，具有非常高的指导意义。

我们要建立高效的管理体系，就要坚定不移地将权力进行下放。华为在高层实行委员会制，总部将非确定性事务的管理权限下放给委员会，通过不断地把非确定性事务管理转变为确定性事务管理，并在流程中设立适当的监控点，由上级监管部门进行监督审查。

确定性事务原则上就是可以按照 ISO9000 流程处理的事例，在一个公司中，非确定性事务与确定性事务管理的比例为 3∶7 时是比较合适的，30% 的非确定性部分还应在不断制度细化与行为规范的过程中逐步转变为确定性事务，这样才能保障管理的有效治理和快速响应。

任正非还以高铁为例，火车从北京开到广州，沿途至少有几千个管理点，每个管理点本身就是确定性的事情，火车到站点核对指令，确保正确后就开闸驶往下一个站点……如果每过一个站点都要进行开会研究，高铁速度就提不起来了。华为现在就是层层遇卡，为什么呢？因为我们的职员对自己的业务不够精通，也没有形成相应的制度规范指导他的工作，效率当然提不起来。我们推行的"主管＋职员"的作战系统，其建立基础就是职员体系比主管在专业上要更精通。因此，职员体系应当对确定性的业务负责，而不是总向主管请示，主管也有自己的工作和职责，主管需要对不确定性的业务和事项负责。

对于确定性事务的决策主体的监管，华为实行以流程为核心的管理审计制度，在流程中各个环节设立监控点与审计，以明确流程中各决策主体的责任。

还以高铁为例，除了管理点要保障高铁顺畅通行，还在审核节点实行大部门制，一个部门只有一个审核节点。这个审核节点是有时限的，过了时限就自动通过，出了事追究评审点的责任，这样我们才能真正像高铁一样高速运行。

决策请示往往需要开会讨论，让所有员工参加讨论就是在浪费时间，这么一看，开会的成本是很高的，追求高效低成本的华为当然不会将确定性事务拿到会议上讨论。

我们不应将精力用于参加无意义的会议讨论，而更应该将它投入能生产粮食的环节。如果每个人都按照职责做好分内的确定性事务的决策，组织的运营效率就会进一步提高。华为正是掌握了这一点，并反复向员工强调这一点，故而它能达到今天的成就。

4.3.3　提高决策主体的决策能力

企业内部决策主体的决策能力发挥依赖于两个方面：一方面是他个人的知识技能经验等综合素质、对市场形势的感知能力、思考问题的思维能力、下决断的胆识与魄力等；另一方面则是明确自己的分内之事，勇于承担责任，避免事事请示、反授权现象的出现。

【管理研究】反授权现象的定义及原因

反授权是指下属员工将属于自己分内的责任和权利以请示等形式转嫁给上级领导，将自己职责范围内出现的工作交由上级领导处理。

在上级领导方面：第一，可能是领导本人存在错误认识，在许多企业内，经常有领导对所有事情都亲力亲为，或者时刻监督下属员工事务的进程，长此以往下属员工逐渐失去了独立做事的主动性；第二，上级领导可能并不善于授权，习惯性地对下属员工的工作进行干预，违背了授权所必须遵循的一些重要原则。

在下属员工方面：第一，未端正心态，不少员工怕吃苦、不奋斗，心存"不求有功，但求无过"的错误观念，遇事躲避工作责任；第二，下属员工可能缺乏胜任工作的能力；第三，下属员工可能企图讨好上级领导，让上级领导全权掌控自己。

反授权现象常常使得上级领导、下属员工之间产生不利影响，但避免反授权不等于取消日常的请示汇报，反授权是由下属员工过于频繁请示汇报以至于影响到上级领导的工作。在日常工作中、在明确的责权范围内下属员工应发挥自身的主观能动性，积极解决和处理工作事务，而不是一味地请示上级领导。

华为创业初期称得上是一段艰苦岁月了，任正非身为华为总裁，因事务繁多经常忙得昏天暗地。某一天，华为副总裁郑宝用按惯例主持一个非常重要的研发立项评审会议，任正非也在百忙之中抽出身来参加这次会议。郑宝用看见任正非来到会场，马上跑过去，对任正非说："任总，这个会您不用参加了，我会把结果告诉您的。"任正非点点头，他听从了郑宝用的建议，转而忙别的事情去了。

好的上级领导无须做到事必躬亲，好的下属员工也能挺身而出，承担起更多的责任，避免上级领导为自己的事务耗费精力。

1998 年，华为市场部的高层在会议室开会，讨论市场策略和人力资源的相关事宜，市场部"老大"孙亚芳也在场。正当各个副总讨论得热火朝天的时候，任正非突然走了进来。会场一片沉默，还没等大家反应过来，任正非就开始发表自己的意见。任正非对市场部这些副总说，市场部选拔干部应该选那些有"狼性"的干部；有些干部缺少"狼性"，比如说某某（某办事处主任），他认为这样的干部就不能晋升。任正非说完这番话，孙亚芳以平和的语气对任正非说："老板，其实您对他不了解，他是我的部下，他的为人我很清楚，他不是您说的这样子，您不能用这种眼光来看他。"任正非听后，一时哑口无言，因为他确实没有孙亚芳那么了解她的部下。于是任正非说："你们接着讨论吧。"说完，他转身就走了。后来，该办事处主任经过孙亚芳的推荐，被任正非提拔为华为副总裁。

在领导被片面信息所误导而与自己意见相悖时，孙亚芳能够勇挑重担，心平气和地跟领导提出自己的看法，并找准关键点说服领导，这也体现了她作为华为"二号人物"在人力资源管理上的智慧。

4.4   实现高度透明的信息共享

在构建"小前端、大中台"的现代企业模式下，实现高效的信息共享机制就显得尤为关键。通过互联网技术，在企业内部搭建信息共享平台，营造平等的沟通环境，是提升企业内部信息传递速度与员工工作效率的有效手段。

4.4.1   克服信息共享的障碍和壁垒

在组织管理活动中，信息共享渠道的畅通与否从根本上决定了组织管理水平的高低，影响着组织的运营效率。在现代企业中，人与人之间、团队与团队之间、高层与基层之间都需要信息的交流共享。然而，企业中各个信息系统往往彼此孤立，信息碎片化。目前，企业中信息共享障碍主要体现在以下几个方面。

（1）缺乏信息共享环境

企业内部缺乏开放的信息共享环境，主要是管理者对于信息共享的重要性认识不足，应该收集什么信息，以什么格式整理，整理后的信息怎么使用，且各个系统互相分散，缺乏相关整合。

（2）缺乏信息共享制度

企业没有制定明确的信息资源共享制度规范，使得信息跨团队、跨部门进行共享缺少授权、缺少监督，信息共享带来的安全问题也无法得到保障。

（3）缺乏信息收集标准

企业中各个部门信息收集标准不一致，流程中大量的信息收集与整理加大了员工工作量，员工对此并不了解。

企业建立一个高效开放的信息共享系统，需要全员协同共享意愿，还需要企业明确领导制度、完善信息技术手段、培养信息共享环境，保障信息共享的效率与安全。

优秀的企业都非常重视企业内部的信息共享渠道的畅通，小米公司的所有研发团队之间就都保持着信息及技术的共创共享。

2021 年 8 月 10 日，雷军在新品发布会上公开了小米首个仿生四足机器人 CyberDog，它具备智能语音、自由行动、视觉识别、自动避障等功能。酷炫功能背后需要很多复杂技术的支持，如高性能电机、英伟达的超级芯片、双目相机、英特尔实感深度模块、导航避障等。雷军当时就提出疑问："这么复杂的项目，你们这么少的人怎么可能做得出来呢？"

工程师解释说，他们是在开源社区与开发语言上研发的，同时联系了小米内部多个研发团队，一起深度研究机器人系统和运动算法，还对 AI 语音交互、硬件开发、电机、自动寻址、手机互联、机械结构等各个部门进行整合。

小米对此专门成立了小米机器人实验室，邀请世界各地的机器人专家和精英工程师加入，筹备小米机器人开源社区，将相关的科研成果陆续开源，一起进行全球共创。

小米公司工程师文化的成功离不开其内部高效的信息共享机制，小米组织架构、管理制度、信息技术等多方面都支撑着平等、开放沟通环境的营造。

4.4.2 在组织中营造平等的沟通环境

在组织管理中，需要一个明确的职级管理规定来作为企业人力资源管理的基础，但这往往也是营造平等沟通环境的重要阻力。这是因为长期级别差异的存在，使得下属员工怯于表达观点、刻意隐瞒想法，而部分上级领导则可能好"面子"，不肯听取和接受各方面的意见。

对此，从上级领导的角度出发，将正确的作风精神身体力行地传达给下属员工，在企业、部门内部营造出良好的沟通氛围。

任正非告诫干部一定不能好"面子"，古语云"三人行，必有我师焉"，往往是那些没有学识、没有本事的人最好"面子"，自己有本事就不怕他人批评，批评对了，就承认错误及时改正，这样才能不断提高。任正非提倡搞技术的"卡拉 OK"，一定要让每个人都上台讲讲看法，破除好"面子"的思想，避免故步自封。

任正非还提到上级领导要请下属员工吃饭，下属员工不准请上级领导吃饭。前者是培养沟通意识，后者是杜绝腐败问题。为此，任正非语重心长地说道："你要当好领导吗，那么，多请部下吃几盘炒粉吧，在轻松自由的氛围里，很轻易就做到了上下沟通、协同工作，部门的效率也就提高了；你想做大秘书，也要多请客，你的工作经过沟通开放了，大家帮助你，互相又了解，你就能成为'大秘'；搞管理的人，更要经常这样在一起聚餐。"

信息沟通渠道的烦琐使得领导者最终获取的信息失真，信息的偏差将给企业的重要决策和运营管理带来巨大的隐患。因此，建设顺畅、平等的信息沟通渠道就显得尤为重要。

为确保内部机制的透明，万科为员工提供了 12 条与职能部门及公司管理层的沟通渠道，确保员工的意见可以及时传达并得到解决（见表 4-5）。

表 4-5　万科员工与职能部门及公司管理层的沟通渠道

序　号	渠　道	说　明
1	门户开放	所有经理人员敞开办公室大门，欢迎职员进入并直接提出想法和疑问，这同时也提醒经理人员要主动关注职员的想法和情绪
2	吹风会	管理者关注基层一线，给予职员业务发展方向的更多知情权，现场解答职员密切关注的问题
3	与总经理约见面	向员工关系专员申请，可以与公司管理层领导进行一对一面谈
4	员工关系专员	正常工作日对职员递交的申请在 36 小时内给予答复，并为职员身份保密
5	职委会	职工委员会是代表全体职员利益并为之服务的机构，它的基本职能是参与、沟通、监督

续表

序　号	渠　道	说　明
6	工作面谈	当出现新员工转正、职员调薪或岗位变动、进行工作评估、职业发展规划及职员提出辞职等情形时，管理者要与职员开展面谈
7	工作讨论和会议	公司提倡团队工作模式，团队必须拥有共同的工作目标和价值观。绩效管理体系倡导管理者在制定目标的时候，通过工作讨论和会议倾听团队的意见，共同分享远景
8	Email 给任何人	当面对面的交谈不合适时，公司职员可以采取发送电子邮件的方式。电子邮件应该简洁明了，且只发给真正需要联系的人员
9	匿名 BBS 网上论坛	如职员有任何意见和建议，或希望与其他同事来分享观点，均可以通过内部网络论坛进行互动交流
10	职员申诉渠道	当职员认为个人利益受到侵害，或需要检举揭发其他职员的违规行为时，可以通过申诉通道进行投诉和检举揭发：①逐级上报，②职委会，③总经理／董事长直接申诉
11	员工满意度调查	公司通过不记名的意见调查，向职员征询对公司业务、管理等方面的意见，了解职员对公司的整体满意程度，职员可完全按照真实想法反馈而无须有任何顾虑
12	公司信息发布渠道	公司有网站、周刊、业务简报、公告板等多种形式的信息发布渠道

比尔·盖茨曾说过："力量并不来自掌握的知识，而是来自分享的知识。"例如，他认为电子邮件的使用让组织结构更加扁平化。企业内部多维度的信息和沟通渠道建设，能帮助企业管理层快速获取员工信息，提升决策的速率与精准度。当企业实现高度透明的信息沟通时，员工的合理诉求和困惑也能够及时得到解决。

4.4.3　进行自下而上、自上而下的信息共享

企业能够满足客户需求，适应市场变化，坚持创新驱动，内部必定是建立了平等、高效、透明的沟通环境，能够进行自下而上、自上而下的信息共享。当然，并不是所有的信息都需要共享，哪些信息对业务、对客户有价值，同时能够为决策提供帮助，哪些就是我们需要共享的信息。

根据共享信息的内容不同，华为内部的信息沟通形式也不同（见表 4-6）。

表 4-6　华为内部的信息沟通形式

序　号	内　容	形　式
1	员工成长	一对一沟通（奖金沟通、绩效辅导等）、群体决策会议（任职资格评议沟通等）
2	业务成长	集体会议（年度市场大会、季度述职会、每周部门例会等）
3	氛围建设	晚会（年度晚会、新员工入职欢迎会等）、团队活动（团建活动、协会活动等）
4	管理改进	集体会议（管理沙龙、民主生活会、突发事件沟通等）

华为员工曾调侃道，白天是用来开会的，晚上加班才有时间工作。由此可以看出，形形色色的会议是组织中最为常见的信息共享、任务落实的沟通形式，团队成员参加会议需要事先做好非常充足的会前准备（如制作 PPT，设计产品方案等），这也是华为员工经常加班的主要原因之一。为了保障各种各样的会议能够高效率地展开，华为提出了团队沟通最为重要的原则——"内阁原则"，前文提到的 IPMT 原则也是基于这一原则所做的拓展。

【管理研究】华为会议的"内阁原则"

"内阁"原意是指政府各部门最高长官商议政策的组织，华为为了更好地开展会议而提出的"内阁原则"包含以下 3 点：

①团队会议中讨论充分，不"保留"意见；

②团队内部要讨论充分，但仅仅只在会议过程中，会议内容绝不对外言说。凡是讨论，即使有不一样的看法，都留在这个房间；

③100% 支持团队讨论出来的最终决策。即使你原来并不赞同，你也不应该让你的同事、下属员工和客户察觉。

简而言之，华为"内阁原则"的要点可以概括为 8 个字——讨论充分、对外一致。其中，讨论充分就是鼓励参会成员在会议过程中，要各抒己见、直言不讳，坦诚地发表自己的见解和观点。如此，会议才能真正达到集思广益、群策群力的目的。

截至 2021 年 8 月，华为约有 19.7 万名员工，业务遍及 170 多个国家和地区，仅靠会议就实现自下而上与自上而下的信息共享显然是不现实的。当组织迈入全球化进程时，就应当建立企业信息化系统，让行政和业务都可以在系统里高效地完成。

目前，华为全球所有设有代表处的地方都能获取 IT 支持，且全体员工都能享受信息化系统带来的便捷。研发人员可以进行 7×24 小时全球同步研发和信息技术的共享，工程师可以随时查阅工程档案、相关档案和及时获取总部或分部支持，人力资源部门每天可以对数万名员工进行绩效考核和薪酬结算，财务人员可以通过全球财务共享中心快速完成财务信息收敛和结账，供应链管理人员可快速响应市场变化制订供需及生产计划，员工可以自行网上学习、培训考试和费用报销、资金周转，客户还可以即时查询和跟踪订单执行状态……

罗马非一日建成，华为信息化系统的建立也曾面临诸多困难，其中最主要的阻碍还是在内部沟通。西方有句话叫"信息即权"，实现信息共享必将对管理者的权限进行削弱，对此，华为裁减了 2000 个中层岗位，反过来说，信息共享也是一种变相的授权，对于权力，企业就应当构建好制约和监督体系。

4.5　构建制约和监督体系

松下电器创始人曾说："只有将监督和授权相结合，才能让管理更有效。如果只监督、不授权，则会让企业变成一潭死水；如果只授权、不监督，则会导致企业四分五裂。"企业要落实对资源、权力的管控，形成监督体系并充分发挥出它的作用，建立高素质、专业化的监督机构，提升企业的监督能力。

4.5.1　完善监督体系，凝聚监督合力

企业处于高速发展的阶段，管理层对下属员工的信任使得授权和分权被执行，为基层管理者和一线员工提供了展示才能的舞台。很多表现出色的员工都

得到了提拔，其中或多或少存在思想涣散、意志薄弱之辈，管理者在获得权力的同时，就应当加强监督和管控措施。

针对干部的监管，华为设置了内部控制的三层防线，包括内控、审计、子董会、道德遵从组织等，全方位地对各级机构行权予以监督。

第一层防线是业务主管或流程责任人，他们在业务流程运作中控制风险，是最重要的防线；第二层防线是内控及风险监管的行业部门，拉通对跨流程、跨领域的高风险事项的管理，既负责方法论的建设及推广，也提供对各个层级的赋能；第三层防线是内审部门，通过独立评估和事后调查建立冷威慑。基于内部控制的三层防线，华为设置了"线""场""点"的诚信监控体系（见图4-4）。

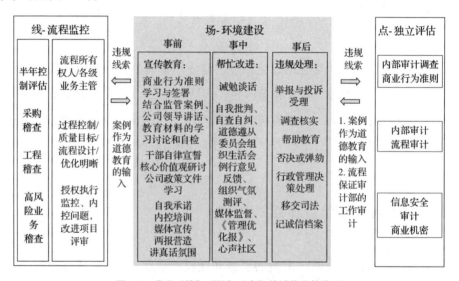

图4-4　华为"线""场""点"的诚信监控体系

审计是司法部队，关注"点"的问题，通过处理个案对潜在问题形成威慑。监控无处不在，关注"线"的问题，与业务一同端到端地管理，揭示并改进端到端的风险。道德遵从委员会，关注"面"的问题，持续建立良好的道德遵从环境，建立一个"场"的监管。

在企业发展的过程中，华为也在不断探索和完善监管体系，拓宽覆盖范围，修复监管漏洞，这极大一部分是在监管岗位上勤恳工作的所有员工的功劳。

华为对大事大案建立应对机制，培养监管队伍，抓严抓实监管工作，不让淤泥堆积。任正非在关于监管体系的座谈会上提出了以下几点要求。

第一，监督岗位履行个人负责制，以事实为依据，坚持初心原则，对于敢负责、绩效好的员工，要敢提拔、能提拔、快提拔。监督岗位的员工升职、降职问题不能由同级 AT 团队（Administration Team，行政管理团队）决议，起码要由上级或更高一级的 AT 团队评定。监督岗位的薪酬等级序列应当高于同级岗位一至两级，但没有项目奖金，避免"冤假错案"的产生。

第二，监督岗位工作的发展趋势是科学化、程序化、规范化的。要对内部流程的管理做减法，决不能使管理工作越弄越复杂。对于违反纪律的干部或团队代表要敢于处分，且依据真实情况做好通报工作，如果后期表现良好可以再消除处分结果。

第三，坚持"审计是对干部最大的关怀"。审查工作要有理有据，在腐败问题上，对于证据确凿的干部要严厉打击，对于证据不足的干部做无罪认定。查处分离，功过分开，审计人员要能敢于斗争、善于斗争。监管的目的不是否定、弹劾干部，而是形成威慑作用，使干部能够在制度规范内自由地工作。

华为不断推进监管系统建设、强化监管治理、破除监管壁垒、提升监管效率、优化监管体系。华为要通过层层防线和内部机制及时发现和处理腐败问题，打造企业公平的内部环境，促进公正监管。

4.5.2　重点管控权力运行的关键节点

将权力沿着业务流程进行下放和授权，可以解决中央集权带来的效率低下及结构臃肿等问题，但也需要总部抓好监管工作，把握好组织的方向盘，建设一支高素质的监管队伍，重点把控权力运行的关键节点。

高尔文家族创办了摩托罗拉，传承到了克里斯托夫·高尔文（家族第三代）这一代后，他待人平和，是员工公认的好领导。高尔文认为，企业应当让高级主管充分发挥能力，不要束缚他们的手脚。1998 年，摩托罗拉组织架构大调整，他还将通信企业集团的多项业务管理授权给吉尔莫。然而，在授权后高尔文缺乏应有的监管手段，使得新的组织架构在运行过程中官僚文化滋生严重，最终使整个组织陷入混乱的局面。

高尔文实行对员工充分授权举措是积极的，但他缺少了对业务流程关键节点的监管，这也决定了组织推行授权管理的败局。

关键节点的选取应当考虑该活动节点在执行过程中风险发生的概率及影响程度，可参考表4-7进行判断。

表4-7　业务流程关键节点的选取与风险识别

序　号	常见的风险
1	影响流程目标有效实现的因素
2	舞弊
3	人工和系统操作错误
4	流程的绕过
5	未经审批或不恰当审批的业务活动
6	信息不准确导致的不当决策
7	法律法规、合同义务、内部制度的遵从
8	影响客户满意度而造成的损失

关键节点选取后还应重点考虑图4-5所列举的因素，设置有效的控制活动。

与业务活动相融合	可操作性
成本	专业化
性质 （预防性、检测性、纠正性）	位置
IT化	绩效统计、评估

图4-5　关键节点控制活动考虑的因素

关键节点应当环环相扣，且控制活动能够被相关文档证实其实施的一致性。随着组织业务的不断调整，关键节点也需要不断优化和补充完善。

同时，监管还应聚焦关键主体、关键领域、关键工作、关键问题，将权力运行的管控措施做到精准化（见表 4-8）。

表 4-8　管控措施精准化自评表

序　号	节　点	说　明	现　状	得　分
1	关键主体	领导班子带头接受监督		
2	关键领域	多腐易腐领域重点开展监督（如人、财、物、工程等方面）		
3	关键工作	落实各层级监督机构、各个业务部门的主体责任		
4	关键问题	廉洁问题、失职渎职问题、作风问题专项监督，倾向性、普遍性问题重点打击		

注：得分为 5 分制，5 分为表现优秀，1 分为表现不足。

4.5.3　坚持将权力关进制度的笼子里

所谓"物必先腐，而后虫生"，推进反腐倡廉建设，关乎组织的长远健康发展。权力失去制约与监督直接导致贪腐丛生、损害团队战斗力、破坏企业生态系统。

比亚迪董事长王传福表示，腐败是公司发展的"拦路虎"，会侵蚀公司发展成果、削弱公司竞争力、降低员工获得感和对公司的信任度。肃清腐败，公司才能更健康地发展。

比亚迪强调对贪腐行为零容忍，严厉打击各类贪污、腐败、舞弊、欺诈行为，一体推进不敢腐、不能腐、不想腐，将企业管理趋向"法治"而非"人治"。

全力抵制腐败，畅通举报渠道。除了常见的贪污、受贿、舞弊、侵占等腐败行为，比亚迪还强调抵制形式主义、官僚主义、铺张浪费、不担当、不作为、推诿扯皮、拉帮结派等"软腐败"行为。"软腐败"不被及时铲除，就会变成"硬腐败"，破坏公司的秩序和风气，阻碍公司的发展。比亚迪提出"人人反腐，全员监督"，当员工或合作单位发现或遭遇违纪行为时，可及时向公司审计监察处举报，公司将保护举报人信息，还在 OA（办公自动化系统）上线风险预警／异常事件／建立管理的流程，以帮助公司尽快发现问题，堵住漏洞。

加大惩处力度，提高违纪成本。比亚迪对违反廉洁纪律的员工解除劳动合同，并将其信息录入除名查询系统，若情节严重涉嫌违法犯罪者，将移交司法机关处理。而对违反廉洁合作协议的单位，按照协议追究违约责任（如采取扣除违约金、取消合作资格、列入黑名单等措施）。

巩固反腐成果，推进廉洁教育。公司采取设立廉洁月、反舞弊微视频、廉洁自律宣誓、廉洁自律培训、典型案例宣传、节日廉洁宣传、召开反腐工作会、参观当地监狱等多种形式，持续深化反腐倡廉的教育，不断提高员工的合规管理水平和风险防范意识。公司强调员工要敬畏公司制度、牢守内心底线、廉洁从业、诚实守信，更要有担当、有作为，助力公司稳定运行，健康发展。

怎样强化公司制度的执行力呢？比亚迪强调要做到科学设计制度、树牢制度意识、强化追责惩戒，最终将权力关进最有效、最刚性的制度牢笼里。

第 5 章
运营与价值创造

　　优秀的企业运营要以价值为中心，聚焦组织价值创造活动，通过提升技术与管理水平，不断对产品生产与服务创造的各项管理工作进行优化和完善，助力组织运营效率的提升。

5.1 组织运营效率的提升

随着互联网技术的不断进步，提升组织运营效率的一大有力工具就是信息化。一方面，它能直接简化部门岗位的工作流程，提高工作效率；另一方面，管理各项活动（如沟通、协调、决策）的效率也得到了提升，许多核心岗位的作用将得到更为显著的发挥。

5.1.1 利用大数据分析组织运营效率

在组织中，管理者个人与所带领团队的能力发挥受限于组织数据匮乏、共享渠道阻塞、运营效率低下等重重问题。而标杆企业往往能够建立数据共享平台（中心），借助先进的技术，对企业的大量数据进行关联分析，快速找出数据背后隐藏的信息，为决策提供参考帮助，提升组织运营效率。沃尔玛创始人山姆·沃尔顿曾在美国陆军情报部队服役，他深谙其道，对于信息收集与数据分析系统的建设尤为重视。

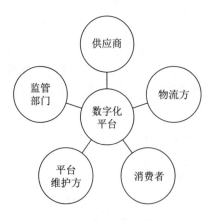

图 5-1　多方参与沃尔玛的数字化平台

沃尔玛作为一家世界性连锁公司，它通过建立数字化平台将世界各地的门店与外部多方紧密联系起来，使得任何与产品相关的信息都能被及时抓取，大量的信息收集后通过整合、分析，用于组织内部和外部利益相关者的管理决策，极大地提升了组织运营的效率，推动了"天天平价，始终如一"策略的实现（见图 5-1）。

在产品生产方面，沃尔玛能够利用脸书、推特等社交平台的数据先供应商一步来发觉市场热门产品，加大对该产品的生产，让该产品在世界各地的沃尔玛门店上架；通过数据分析，预测增加几个新的小产品可让客户在线购买意愿从 45 美元增至 50 美元，并提高在线订单的免费送货金额；收集客户信息，通过大数据分析与预测，提供个性化的产品购买推荐，这与众多互联网平台推送个性化广告类似。

在产品管理方面，沃尔玛可以利用大数据分析客户的购买行为，优化产品在货架上的布局，或许看似完全不相关的产品组合能够获取客户的青睐，"尿布与啤酒"的组合就是沃尔玛大数据分析最为成功的案例；数字化平台还能实时反映库存数量给供应商，让其了解产品的销售情况及受欢迎程度，双方合作无间，旨在降低库存损耗；数字化平台每天处理数亿笔订单，对于每笔订单都将生成最佳配送方案，还将对运输车辆行驶路线进行规划，降低运输成本，以提升运输效率。

大数据分析能预测市场、评估效果、监控运营，通过数字化平台让企业能够统一信息、实时调整、降低各类系统的使用成本，综合分析做出最好的决策，以提升组织运营效率。

5.1.2 借助管理变革提升组织运营效率

国内许多企业一直想方设法地在寻找途径去提升组织运营效率，结果收效甚微。华为却探索出了自己的策略——"一切出发点都是为了客户"，很多华为人不理解企业主动降低利润，将利润分享给客户与上游供应商的行为，他们甚至认为是客户抢走了企业的利润。对此，任正非从"深淘滩，低作堰"的视角讲述了其中的道理。

【管理研究】"深淘滩，低作堰"的管理智慧

"深淘滩，低作堰"是世界级水利工程都江堰的治水名言。折射到组织经营中，对内应当"深淘滩"，是指企业要长期稳定对增强核心竞争力的投入，深挖内部潜力，重视产品质量，降低经营成本，哪怕遭遇行业寒冬，也要保证投入的持续及不间断；对外做到"低作堰"，是指处理与外部利益相关者的关系，企

业应当克制对利益的欲望，只保留必要的利润，将更多的利润回馈给客户与上游供应商，不因短视行为而损害长期利益，这将使华为更加强大。

实践证明，只有随着企业自身的发展趋势，坚持不断地进行管理变革，企业方能构建出有核心竞争能力的高效运作体系，长期保障组织运营效率的提升。

其实早在20世纪90年代后期，华为就已经开始实行管理变革，到21世纪初，才真正启动了一系列的重大项目的学习，如集成产品开发（IPD）、集成供应链（ISC）等先进管理系统。

华为在进行IPD变革后，研发项目中零偏差（偏差率＜5%）的项目数量占比超过90%；客户满意度稳步上升至95分；产品故障率降至不足0.01%。华为研发实现了跨越式的转变，能快速为客户提供高性价比且满足需求的产品，支撑华为度过了行业寒冬，在市场竞争中获得了一次又一次的胜利。

华为通过ISC变革，构建了一个整体统一的系统从而取代了原来零散的体系，并完全以客户需求为导向，建立了集成供应链网络，不仅提升了供应链的质量、降低了企业成本，而且全方位地支撑了整个华为全球业务的发展。

华为还对财经管理进行了"四个统一"的变革，为在国内市场实现可持续发展和国际市场的进一步拓展奠定了坚实的基础（见表5-1）。

表5-1　华为财经管理变革

变　革	说　明	意　义
统一会计制度	其中最重要的是差旅费报销政策的规范化	建立适合全球员工的差旅费报销政策和住宿政策
统一会计流程	其中最具代表性的是采购流程的统一	采购流程更为规范且更具有竞争力和内部控制作用
统一会计科目	华为的会计科目只使用国家规定的会计科目	华为整个会计科目的概念更为细化
统一监控	将代表处财务管理的职责收归总部，逐步建立财务共享中心	加强了资源的集中配置功能，也遏制了腐败行为的发生

华为更是从成本控制、人员管理等方面，推进组织运营效率的持续优化，如对于规范会议管理提出会议的 7 个"必有"——必有准备、必有主题、必有议程、必有聚焦、必有结论、必有纪律、必有追踪。企业应将组织能力建设落到实处，让种种管理变革手段真正发挥提升组织运营效率的作用和价值。

5.1.3　强化组织内外的协同

我国管理大师曾仕强曾说："组织的功能，在聚合安人的力量，协同一致。"组织存在的意义是整体协同的体现，即组织的人员、资源、渠道等组合时所能创造的价值远大于他们独立、分散时所能创造的价值之和，这就是协同所带来的组织运营效率的提升。

比尔·盖茨经常在不同部门之间制造竞争氛围，但当各个业务部门发展到不愿协同合作时，公司业务发展就将受到严重的影响。

2001 年，微软研发平板电脑，但当时负责 Office 产品的副总裁对这一创意并不感兴趣。因为平板电脑在当时只能用虚拟键盘或手写输入，可他更喜欢实体键盘，因此他认为微软把时间浪费在没有实体键盘的平板电脑上是没有前途的。由于 Office 部门资历深，且在微软内部贡献显著，这位副总裁拒绝针对平板电脑优化 Office 软件。这样的结果严重影响了用户的使用体验，且人们对两款产品都产生了不好的印象，这些都阻碍了新业务的发展脚步。

跨部门协作、以结果为导向可以有效打通组织业务的"部门墙"。经过多年的实践经验，麦肯锡形成了一套完善的跨部门工作技巧（见表 5-2）。

表 5-2　麦肯锡跨部门工作技巧

方　法	说　明
时常轮换岗位	加强员工交流深度、促进员工业务全面
提高自身沟通技能	讲究沟通艺术、准确获取有效信息、减少无用沟通
永远不要嫌麻烦	跨部门挑战大，不要怕麻烦

方　　法	说　　明
融入沟通文化	员工融入沟通活动、把握跨部门交流机会
明确个人和部门目标	明确个人工作目标与部门目标

随着市场环境与科技水平的改变，各个组织之间不再针锋相对，更多的是包容与共进，在共同的价值观与行为标准下，更容易产生认同感与信任感，进而达成合作关系，拓展企业业务领域。

过去两年，腾讯实现了产业与云技术的结合，与合作伙伴一起在教育、金融科技、出行、智慧城市等 20 多个领域为近 30 万家企业客户提供了服务。双方建立了信息互通机制，它们可以分享创新方法、成功实践和失败教训，形成协同效应，利用行业优秀资源加速相关创新技术和业务的产业化进程。

腾讯智慧出行副总裁钟学丹表示："随着产业的数字化转型进入新阶段，需要构建开放共赢的新生态，探索创新技术和应用场景，还需要新人才、新思维模式的与时俱进。腾讯希望与生态合作伙伴一起，共同促进产业创新技术、商业模式的应用落地，探索产业全新价值空间。"

强化组织内外部协同的工作永远在路上，表 5-3 所示可用于评估组织的整体协同情况，帮助大家确定企业现在的强化力量应集中使用在何处。

表 5-3　组织的整体协同评估表

维　　度	序　　号	问　　题	评　　分
组织内协同	1	新业务的研发、生产周期缩短	1 2 3 4 5
	2	资源可以迅速被调集	1 2 3 4 5
	3	确定性事务与非确定性事务有各自处理团队及流程	1 2 3 4 5
组织外协同	4	认真对待外部诉求并及时回应	1 2 3 4 5
	5	与合作伙伴共享资源与人才	1 2 3 4 5
	6	组织战略活动会有外部代表参加	1 2 3 4 5

5.2　资源与平台的整合

企业通过"赋能平台 + 业务团队"的组织架构设计，来提升组织的灵活性以应对客户需求的不确定性、技术水平的不确定性、交易流程的不确定性，进而实现将组织资源的最大化利用。

5.2.1　搭建平台体系，赋能组织

当各项业务不断发展壮大时，各种资源、技术、信息的需求将逐步无法被满足，企业就应当将这些功能迁移至内部组织平台，由组织平台体系实现对业务组织统一的专业资源赋能与专业知识赋能。组织平台分为以下 3 类（见图 5-2）。

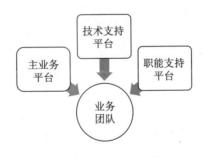

图 5-2　组织平台分类①

主业务平台：平台与各项业务活动密切相关，支持团队日常的运营，常见的功能有研发、采购、运输、客服等。例如，海尔的业务支持平台为项目团队提供制造、供应链、工程设计、市场、销售等服务。腾讯的流量生成平台（微信、QQ、浏览器、应用宝等）为旗下业务团队及公司战略合作伙伴提供用户流量的引流。

技术支持平台：平台为业务团队提供技术服务与数据处理的指导支持，常

---

① 杨国安，尤里奇. 组织革新——构建市场化生态组织的路线图 [M]. 北京：中信出版集团，2019.

见的功能有业务信息存储、云计算、信息安全防护等。例如,字节跳动的技术服务平台提供人工智能、数据智能、视觉智能、统一基础服务等,为产品团队持续提供动力,拉动业务的增长。

职能支持平台:平台提供人力资源、财务、供应商管理、客户维护、公共关系等传统职能。例如,京东的职能云平台实现了战略、人力资源、行政、财务、法务、公共事务等服务模块的自动化、智能化操作。

平台通过对组织资源进行调度,为集团内部的业务团队提供支撑,两者职责不同,最终目标都是为了提升产品与服务的输出质量。

阿里巴巴的管理平台体系拥有 3 个层面,如图 5-3 所示。

图 5-3　阿里巴巴的管理平台体系

第一个层面是业务支持平台,它为阿里巴巴的核心业务运营提供支持,包括会员平台、商家平台、内容平台等。第二个层面是技术支持平台,它为阿里巴巴提供服务和计算能力及基本的信息技术基础设施。这种集中化的共享技术平台提供了高效、高质的技术支持,促进了阿里巴巴的销售增长和利润增长。第三个层面是职能支持平台,它为组织提供人力资源、法务、财务等专业上的支援。

企业通过搭建完善的管理平台体系,一方面给出具体的激励方案配置,另一方面提供经营管理服务,让组织的各类资源技术、内外即时信息、先进管理经验可以灵活流动,能够充分地被复制、被利用、被共享,实现对组织的赋能增值。

5.2.2　提高平台的综合赋能能力

若把组织比作"躯干",那么一线业务团队就如同组织的"四肢",它的精准作战、精密营销等有力且灵活的挥舞都脱离不开所连接着的"躯干"的功能与牵引,离不开后方平台对它的综合赋能。

华为强调将公司经营向前线推进,让平台为一线作战单元赋能,一线人员指挥"炮火"。在平台上推进实施"资源买卖、资源结算",实现"职能平台化、平台服务化、服务市场化",提升一线作战单元的综合作战能力。

华为发展至今,其运作模式采用"一个集中、一个专业、一个分散"的组织架构设计,如图 5-4 所示。

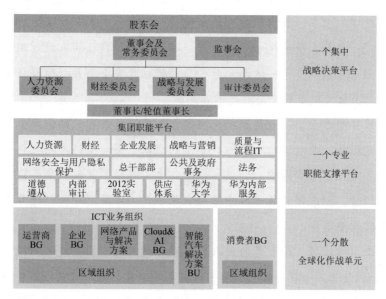

图 5-4　华为的组织架构设计

一个集中是指公司层面拥有一个高度集中的战略决策平台,包括公司的董事会及常务委员会、监事会、各委员会,这一层决定着公司的战略方向与资源分配重点,这些权力是需要高度集中的。

一个专业是指公司中间有大量的、专业的职能支撑平台,包括制造、采购、财务、人力资源、2012 实验室等,这些部门是面向全公司的、集中的专业大平台。

这些平台不依赖人的流程化运作，以市场为导向全力服务业务线与业务团队。

一个分散是指分散在170多个国家的代表处及成百上千的项目部，这些是灵活的、充分授权的并分布在全球各地的小型作战单元。作战单元可以调动公司资源，它有自主决策性，还可以执行灵活机动的战略战术。

任正非曾说，未来的竞争是平台的竞争，为了取得明天的胜利，华为要加大对企业平台的投入建设，扩大数据管道的直径，拓宽数据管道的范围，以应对未来激增的数据洪流，确保企业的竞争优势。

赋能平台的建设内容复杂、艰苦且耗费巨大，但为了更好地支撑一线人员作战，提高平台的配置资源和赋能能力，这是一个优秀企业发展的必经之路。

提升数字化水平。数据已成为继土地、劳动力、资本和技术之后的第五大生产要素。一方面，数字化水平的提升能加大企业对数据的有效利用程度，能提升企业的经营水平；另一方面，对于企业的信息安全与数据隐私提出了更高的标准，具有极大挑战的安全问题不容忽视。

建设服务型平台。一线作战单元为客户服务，满足客户的需求；平台为一线作战单元服务，要能满足一线作战单元的需求。平台坚持市场化机制，企业平台内部可成立多个资源中心，供一线组织自由选择，并按照服务情况评价资源中心的工作，由此倒推各资源中心存在的不足，以及思考如何提升平台团队的专业性及服务质量。

精简平台的流程。平台是为一线作战单元赋能的，而不是为一线作战单元增负的。个别企业的一线团队向平台申请协助时需要打数个申请，盖十多个章，平台存在严重的官本位思想。平台上的岗位是不创造价值的，对于多余的岗位、多余的流程是要勤做整理的，提升平台的整体效率，更好地为一线作战单元提供高质量的服务。

提升平台赋能能力最重要的就是秉承客户价值导向，一线作战单元所有行动以创造客户价值为根本，而平台的"客户"就是一线作战单元。平台并不是越多越好、越大越好、越全越好，而是要围绕一线作战单元的需求来进行设置。平台要提升综合运用资源的能力，成为组织资源池与能量场，随时响应一线作战单元的需求。

5.2.3　构建高效、敏捷的 IT 系统

构建高效、敏捷的 IT 系统为前端赋能，使其更及时、精准地满足客户的需求。一方面，IT 系统能提高业务团队的能力上限，还能提高产品与服务的综合品质，为企业吸引更多的客户资源，把握更多的时代发展机遇。

美团基于互联网技术，利用先进的 IT 系统，通过数据分析和产品优化，助力线下服务业商家，为用户提供更精准、有效的服务。通过评选餐饮、酒店、旅游等榜单提升美团的影响力，拉动商家品牌溢价，更多辐射 C 端用户，为 B 端商家强劲赋能，提高用户数量和交易额。

另一方面，IT 系统能大大提升内部的行政效率，节省组织的人、物、时、财，并适应全球化进程，组织发展不再受限于当地的人才与资源。

远大住宅工业集团股份有限公司（以下简称"远大住工"），其以往人力资源管理布局分散、碎片化问题严重。2015 年起，远大住工逐步搭建了统一的人力资源信息化管理平台，从人员招聘、入司、成长、考核、异动到离司等，实现了对员工的全职业链信息化管理，如图 5-5 所示。

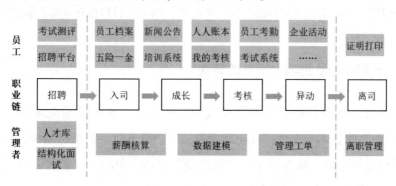

图 5-5　远大住工人力资源信息化管理平台

为了更好地展示人力资源状况，远大住工还在信息化平台中配置了30张人力报表，公司管理层可随时随地查看人事数据辅助业务决策的制定。

另外，远大住工还对人力资源管理进行数字化创新实践——"人人账本"模式，真正实现让人力资源部门参与经营，让每个人参与经营。例如，人力资源部门根据过往数据，在每百元收入里确定人工预算占比，在一定时期内，若实际花费低于预算占比，则节省部分将作为本部门及相关协同岗位的奖励。其他管理线也是如此。

除将人力资源管理数据信息化之外，远大住工还积极将市场、运营、财务等数据进行统一集成，搭建信息化平台，形成数据资源池。各部门经授权可获取其他专业线的数据，如此一来，信息化平台打破了公司内部的"部门墙"，实现了公司范围内的信息共享。

在全球化的战略部署下，企业构建高效、敏捷的IT系统打通了内部的数据沟通渠道，激活了员工与组织的活力，构建了公平的竞争机制，提升了员工的创新积极性，研发出了更具竞争力的产品项目，助力企业发展战略的实现。

5.3 项目化运作

企业为加强一线作战单元的综合作战能力，在内部建立了项目运作机制，让团队成员能够通过项目的方式获取企业管理层下放的权限，并从端到端地参与项目的立项规划、开展实施再到验收评估的全过程，达成项目目标和资源配置最优化。

5.3.1 从职能团队到项目团队的转变

在华为，随着公司业务在全球范围内的扩展，其组织功能臃肿、冗余的"大公司病"就会渐渐浮现。任正非要想让华为跳出科层制组织结构，将授权与监管推向前线，使一线作战单元具备更强的市场竞争力，以满足客户的需求，最终形成以项目为中心的管理体系。

其实，华为在 2009 年就提出要建设以项目为中心的团队运作模式，华为轮值 CEO 郭平在 2014 年的峰会讲话上对项目团队建设的主要原因（见表 5-4）做了分析。

表 5-4 华为项目团队建设的主要原因

序　号	原　　因	说　　明
1	设备的增长速度放缓，服务的增长速度加快	2013 年固网和电软核是负增长，无线是 9% 左右的增长；相比于设备增长的放缓，华为服务的整体增长达到了 24%。价值正从设备向服务与软件转移，而后者都是以项目为驱动的
2	交付项目数量多且仍在增长	2013 年交付项目总量为 8267 个，呈现增长的趋势。一个好的项目经营管理体系将支撑起公司的整体经营管理
3	地区代表处规模不断扩大	华为海外代表处的规模越来越大、收入越来越高，代表处管理的跨度和难度越来越大，对经营管理单元的拆分诉求越来越强烈，甚至已有区域在先行尝试

华为北非地区代表处根据客户的需求，将传统的组织模式下的部门进行拆解，抽调客户经理、解决方案专家、交付专家重组形成一个个新的作战单元——华为"铁三角"，以此达到正确、及时地理解客户的需求，赢得客户的信任，争取达成有效的合作协议，形成良好的交付与回款。

华为"铁三角"打破了原有的职能边界，对各角色职责进行重新划分，形成了一个聚焦客户需求、贴近市场的敏捷化组织，极大地提升了一线员工的综合作战能力，使得华为能够快速反映客户的需求，从而为客户提供满意的产品与服务（见图 5-6）。

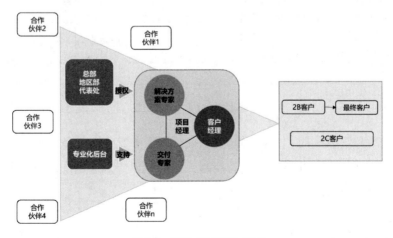

图 5-6 华为"铁三角"模式

华为"铁三角"的精髓就在于以客户为中心,打破团队功能壁垒,形成以项目为中心的团队运作模式。华为"铁三角"这一项目团队中的 3 个角色之间并非相互牵制、彼此制衡的关系,它们是抱团合力、聚焦客户、生死与共的一个整体,满足客户的需求、成就客户的理想,就是它们的团队使命。

5.3.2　科学划分项目中的责权利

团队效益的最大限度发挥,需要所有成员在工作中明确自己的责任,承担起自己应尽的职责,这就要求科学划分项目中的责权利,这也是项目小组运营的核心。

消费者在网上购物的过程中,产品展示页面就充当了导购员的角色。韩都衣舍的项目小组由服装设计师、页面制作专员、产品运营专员 3 人组成(见图 5-7)。正是基于互联网的特点调整组织结构,并做到了在这最小业务单元内的责权利统一,韩都衣舍才能取得如今的成就。

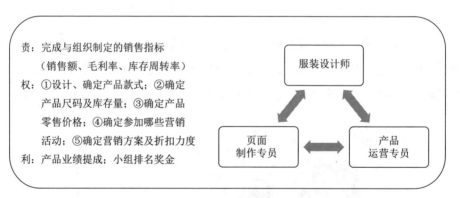

图 5-7　韩都衣舍项目小组的责权利 [①]

划分项目责权利时,常常不知道怎么拆解任务、分配任务,分不清项目管理中的计划、组织、领导、协调、控制、评价等环节,这是许多小组项目管理做不好的关键原因。

---

① 伟雅俱乐部. 韩都衣舍:一个网商的成长回顾与未来展望 [M]. 北京:机械工业出版社,2015.

　　清晰界定工作任务，明确细化工作内容，企业可通过工作分解结构（WBS）将复杂的项目分解成一套可操作性强、可测量的工作体系，使项目经理在项目计划中不遗漏重要的工作环节。

　　图 5-8 所示是华为某客户考察公司时的工作分解结构的两层分解示例图。工作分解原则是任务穷尽、彼此独立、横向到边、纵向到底，使得所有分解得到的任务既不存在遗漏，也不出现重叠、涵盖的现象。

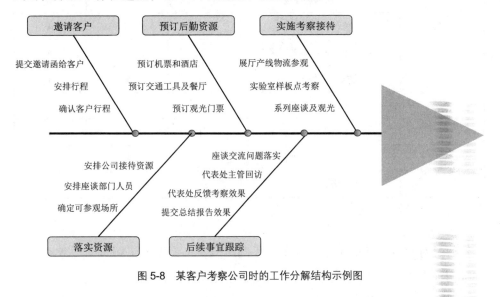

图 5-8　某客户考察公司时的工作分解结构示例图

　　一般来说，需要分解的项目越复杂，就越应当设置更多的层级进行逐级分解，但对应的分解工作量就越大，企业需要投入的精力就越多。因此，编制出一份清晰、明确且不赘述、不重复的工作分解结构图并非易事。

　　在细化了项目各个环节的任务之后，就需要把每项任务分配给合适的项目团队成员，并安排好具体的负责人。任务负责人对任务的顺利执行和及时完成负责，负责的任务层级取决于团队项目的规模与难易度。

　　表 5-5 以华为某项目为例，简要阐述了工作分解结构（WBS）和团队组织结构（OBS）对应设置的责任矩阵，团队组织结构可以是具体的负责人，也可以是部门。当项目比较复杂时，项目任务分配给部门，由部门负责人在部门内部借助此工具进一步对任务进行细分。

表 5-5　责任矩阵

WBS		负责人		
		项目经理	项目工程师	程序员
确定需求		○	▲	
设计		○	▲	
开发	修改外购软件包	○	□	▲
	修改内部程序	○	□	▲
	修改手工操作系统程序	○	□	▲
测试	测试外购软件包	□	●	▲
	测试内部程序	□	●	▲
	测试手工操作系统程序	□	●	▲
安装完成	安装完成新软件包	●	▲	
	培训工人	●	▲	

注：负责—▲　协助—●　知会—□　审批—○

　　通过对项目任务的细分和与负责人的对应，华为做到了将每个任务都分配
到部门或个人，确保项目团队人人有责、事则有权、成则有利的统一，胜则举
杯相庆、败则拼死相救，这样才能攻克一个又一个的难关，在竞争激烈的市场
环境中获得生存的可能。

5.3.3　建立高效的项目运作机制

　　随着市场环境对现代企业管理的要求逐步提高，高效的项目运作机制建设
愈加受到企业的青睐。这意味着固有的、僵化的机制必须先被打破，建立新的
运作机制以适应企业快速发展的需要。

【管理研究】企业建立项目运作机制所面临的挑战
　　①需要企业灵活整合资源，项目团队具有临时性、跨部门性的特点，难以

进行有效的管理；

②目标、过程多样化，项目不确定性增强，专业性要求高；

③建立运行平台，管理方法与工具的更新、增多，其使用离不开组织项目运行平台。

与传统的项目运作机制相比，高效的项目运作机制是以客户为中心，以结果为导向的，着眼端到端的价值创造，拉通各部门协同运作。

（1）实时的项目信息同步

保持项目信息同步的实时性，对项目任务、项目进度、项目文档等做好关键信息的及时共享与机密信息的安全保障，使得不同团队、不同地区的项目成员都可以便捷地交流、共享、管理这些项目信息与技术，对于项目的变化能够快速响应，对于异常情况能够监测发现并上报。项目负责人能关注到项目进度，然后根据情况进行指导干预。

（2）成熟的项目管理制度

成熟的项目管理制度很多时候保障着企业的效率、规范、秩序。重视项目制度建设，确保团队的有序性，这是企业管理的刚性要求。为了规范企业项目运作的各个环节，就要去系统梳理企业的各个业务流程，并基于企业价值链活动建立或完善制度体系。将项目经理个人的管理经验，转变为组织明确的制度管理条例，以提升项目的管理水平。

（3）合理的考核与激励机制

项目团队具有临时性，考核与激励机制应结合项目的特点差异而保持一定的灵活性，只有成员接受公平、合理的考核与激励，才能长期激发项目团队的活力。同时，公司应当对这一部分权力做好动态监控，将责任层层压实，确保权力的授予真正用于优化项目运作机制。

建立高效的项目运作机制，做到具体化、规范化，让项目成员的才能可以被彻底地发挥出来，提升项目运作的效率，打造出组织强大的竞争优势。

5.4 财经预算与内控管理

财经预算从客户出发，由内而外找寻机遇，由外而内提升效率，并对准战略实现组织内部资源的高效配置。有效的内控管理是财经预算实现的重要保障，它能提高业务质量、防止干部腐败、降低经营风险、助力基业长青。

5.4.1 对准战略，实施全面预算管理

《华为基本法》第八十条指出，全面预算是公司年度全部经营活动的依据，是我们驾驭外部环境的不确定性，减少决策的盲目性和随意性，提高公司整体绩效和管理水平的重要途径。

预算在组织战略与经营目标中起到了承上启下的作用，全面预算就是对准战略、配置企业资源的有力工具。华为的全面预算就贯穿了战略的制定到落实的全过程。

【管理研究】华为预算管理的目标

①统筹协调各部门的目标和活动，牵引公司整体经营目标的实现；

②将资源的消耗与流程目标联系起来，优化资源配置，真正实现"事前算账"；

③为控制未来经营活动提供标准，为评价责任部门业绩提供依据；

④规避经营风险，推动管理改进，提高公司核心竞争力。

全面预算是以业务计划为基础的管理循环（见图5-9），可以将组织的关键经营业务衔接起来，实现当前或未来的经营目标。

全面预算管理以经营目标的确定作为起点，好的目标是预算管理其他环节有效运作的基础。预算部门需要搜集行业、竞争对手的信息，结合公司战略目标，综合提出年度预算目标，经委员会讨论审议通过后，下达至各业务单位，

各业务单位负责人沟通承诺目标。预算部门需要对各业务单位预算目标的达成
情况进行跟踪和监控，确保预算管理责任的履行和目标的达成。

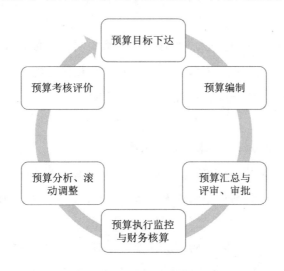

图 5-9　以业务计划为基础的管理循环

全面预算意味着整体把握资源的配置，通过对准战略，将资源向企业的关
键战略业务倾斜，聚焦主航道的建设。而对于非关键性业务，公司一般会设定
利润率基准线，如华为就不会在这些低于基准线的非战略机会点上做投入（见
图 5-10）。

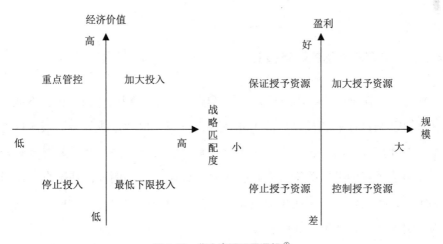

图 5-10　华为资源配置逻辑[①]

① 何绍茂. 华为战略财务讲义 [M]. 北京：中信出版社，2020.

通过对预算的弹性管理，即找准本期预算与目标、实际、上期预算的差距，在弹性规则内制定预算，并及时根据情况的变化做出预算的合理调整，以确保业务的高效率运行。

预算对于企业的内部运营成本做出了明确的规定，而华为实行滚动预算机制，并有"一报一会"制度对预算进行监督，审视执行情况，根据财务部门发现的企业经营问题，管理层会及时介入并加以纠正。

【管理研究】华为的"一报一会"制度

"一报"是指经营分析报告。将各种指标和报表按照业务模块或专项内容进行汇总和分析，从而识别业务运作中存在的问题，并形成相应的诊断结论。

"一会"是指经营分析会。管理层组织召开相关会议，就经营分析报告中发现的问题进行研讨，寻找对应的解决方案，并形成可操作的行动计划。

"一报一会"制度改变了团队的经营意识，促使代表处通过分析报告统筹考虑 KPI、平衡改善各项指标，最终改进经营绩效。

预算准确度高的原因有两个：一是在流程方面实现业务与财务的集成；二是管理的集成。全面预算是从战略到执行流程中的一环，绝不能脱离战略去谈预算。

5.4.2　做厚客户界面的财务核算

华为一直强调让一线作战单元直接呼唤"炮火"，积极将权力进行下放，让地区部自己制订计划和预算。任正非认为，核算权也就是战争指挥权。这是因为基层在使用权力时，也许不那么准确、科学、讲究方法，就需要财经和审计部门在监管过程中针对关键点多敲打敲打。任正非还举例说，基层自主制订计划和预算，有的代表处明明可以制定 36 亿元的目标，可只报 30 亿元的指标，它为了明年能够有进步，留有余力。

华为的总部保有财务和审计的权力，对业务进行计划、预算和核算的管理。华为一直实行严格的监督制度与标准，财务不为客户负责、不为业务负责、不为领导负责，只为真实性负责。因此，华为作为一家非上市公司，仍旧可以保持公开、透明的财务情况，实施严格的内控管理制度。

华为为了提高财务核算的运作效率与监控质量，在全球建立了 7 个财务共享中心（见图 5-11），以确保公司业务在全球范围内的迅速扩张能够获得财务核算管理的支撑。华为 CFO（首席财务官）孟晚舟在 2017 年新年致辞中提到，华为财务核算已经实现了全球 7×24 小时循环结账机制，充分利用了全球共享中心的时差优势，在同一数据平台、同一结账规则下，共享中心接力传递结账作业，极大缩短了结账的日历天数。24 小时系统自动滚动调度结账数据，170 余个系统无缝衔接，每小时处理 4000 万行数据，共享中心"日不落"地循环结账，以最快的速度支撑着 130 余个代表处经营数据的及时获取。

成都 共享中心	深圳 共享中心	马来西亚 共享中心	罗马尼亚 共享中心	毛里求斯 共享中心	阿根廷 共享中心	巴西 共享中心

图 5-11　全球财务共享中心

全球 259 家子公司均要按照本地会计准则、中国会计准则、国际会计准则的要求，分别出具 3 种会计准则下的财务报告。还有，按产品、区域、BG、客户群等维度分别出具责任中心经营报告，这些报告都可以在 5 天之内高质量地输出。

高质量的财务核算确保了企业规模再大，财务也能保持稳健，商业模式始终支撑着组织业务的发展。

5.4.3　让风险内控管理"从灭火变防火"

内控的目的就是防止腐败，控制风险。风险内控管理是以确保企业资金财产安全、财务报告真实、遵守国家政策为目的的，有效控制企业经营中存在的不确定性，从而实现基业长青。

【管理研究】风险识别及分析

企业在经营活动过程中，可能面对的风险包括两大类：一是行业风险，二是经营风险。行业风险是指在特定行业中与经营相关的风险，其中的影响因素包括生命周期阶段、波动性和集中程度。经营风险是指由于企业采用的战略不当、资源不足、经济环境发生变化等原因导致企业无法实现既定战略目标的风险，它包括市场风险、法律风险、操作风险、政治风险、环境风险、产品风险、信用风险、流动性风险等。

华为在 2015 年时市场已覆盖至 178 个国家，涉及 145 种货币、5 万多亿元人民币的结算量。任正非立足全球，在伦敦、东京、纽约 3 处设立风险控制中心，实行三点联动管控。风险控制中心没有设立在深圳总部，这其实是任正非看中了这 3 个城市的特质，用这 3 根支柱来支撑华为的长期运作。

第一个风险控制中心设立在伦敦，因为英国人是讲规则的，他们善于做规则，每个国家的规则和每个行业的规则由英国风控做；第二个风险控制中心设立在东京，因为日本人是善于眼睛向下做项目的，他们不是仰望星空的，是做事的，应该沉在项目的风控管理中；第三个风险控制中心设立在纽约，因为美国人都是胸怀世界的，让他们来解析宏观结构（见表 5-6）。

表 5-6 华为风险控制中心

控 制 中 心	主要控制内容
伦敦财务风险控制中心	评估财务策略与财经架构，建立财经规则
东京项目风险控制中心	微观层面审视最小经营单元的项目风险
纽约宏观风险控制中心	宏观层面审视企业所面临的外部环境风险

孟晚舟说道："2013 年对财务来说最重要的一点是，在伦敦设立了财务风险控制中心，它独立监控资金、税务和账务 3 个财务核心领域的风险，包括财务会计政策的适用性、流动性风险、国家风险、交易风险及纳税遵从等。这个独立的团队会对它所看到的所有问题提出预警和应对建议，交给相应机构评估。这个风险控制中心的运营，可以帮助华为实现更加稳健的财务结果。"财务风险控制中心的设立吸纳了国际顶尖人才，实现了对资金运行、合同、项目管理等

风险的控制，为华为的全球化奠定了坚实的基础。

华为针对内控管理还设计了三层审结的特殊体系（见图 5-12），即各个地区部、代表处、BG、部门都配置 CFO[①]。这些 CFO 保持独立性、遵守纪律、控制风险，保障所在业务的财务健康发展。

图 5-12　华为三层审结体系

5.5　人力资源管理效能提升

任正非曾说，人才不是华为的核心竞争力，对人才进行管理的能力才是企业的核心竞争力。确定合理的人才结构、打造人才培养体系、营造良性等级观念不仅可以使人才效能得到充分的发挥，还可以使企业得到飞速的发展。

5.5.1　精准选人，优化内部人才结构

组织在一定时期内，依据其战略与目标，确定合适的人才结构，并审视目前的人力资源情况是否符合所设定的标准，如岗位及员工是否有冗余、是否有充足的人才储备、岗位上的人才是否可以胜任……华为通过多年的发展与实践，已探索出了自己的人力资源管理办法，优化企业内部的人才结构，让企业的人力资源发挥出最大的价值。

（1）严格甄选与培训计划

首先，严抓人才入口，外部招聘被华为员工称为人才争夺，是人才战略实施的重要一环。华为从外部招聘的人才可以分为 3 个层级：第一个层级的人才是基础人才，基础人才需求量很大，每年都会从高校招聘成千上万名的毕业生；第二个层级的人才是中层人才，有一定的技能和经验，是在公司要进入新

---

① 何绍茂 . 华为战略财务讲义 [M]. 北京：中信出版社，2020.

领域、开展新业务时，需要重点引进的相关人才；第三个层级的人才是高端人才，是具备全球视野，在专业领域卓有建树的领军人才。

其次，华为对于人才的考察是极其严格的，除了学历、专业经验、成绩 / 绩效这些基本条件，华为还特别看重员工的核心能力（必备知识、通用素质、专业胜任力）和一票否决项（品德、个性特征）。

近年来，华为加大了对于高端人才的重视程度，并针对尖端领域设立"天才少年"项目，每一位"天才少年"的产生都经历了华为的层层考核和筛选，他们与每一层级的管理者都进行了深切的交流，这也让候选者对华为整体的管理层风格有了一定的了解（见图 5-13）。

图 5-13 "天才少年"项目招聘流程

在新员工入职的 180 天内，华为还为其设计了详细的培训计划，通过 6 个月的时间，让员工了解部门环境、接受工作任务、建立互信关系、融入组织团队，公司会全方位地关注员工的成长。

（2）建立人力资源池

当人才被招募进公司时，如果没有被安排到适合他的岗位上，没有最大化地发挥和施展他的才能，那么就等同于没有发掘这个人才。因此，为了使人才能在内部更好地被消化，华为建立人力资源池，实现了公司员工的合理化流动与配置。

【管理研究】华为的人力资源池

根据细分职能的不同，人力资源池被分为多种类型，如储备干部资源池、新员工资源池、待岗员工资源池及师资资源池等。其中，储备干部资源池，字面意思就是用来储备后备干部的，当你胜任干部的素质和能力后，就会进入资源池中，等到相关岗位出现空缺时，你就会被调过去。其他资源池大多也是同样的原理。

人力资源池在组织内部建立了劳动力市场，营造了公平的良性竞争环境，发掘出企业内部的优秀人才，并将其用在适合他们的岗位上，真正实现了人岗匹配。

从 2013 年开始，华为 GTS（全球技术服务部）开始着手人才管理系统的线上建设工作，在资源池中的数万名员工的个人素质及工作表现情况均可视可查。例如谁会说外语？谁有国外项目工作经验？谁有多项工作技能？……项目负责人可以到资源池中快速找到符合自己需要的人才，并根据项目情况做 3~6 个月的人力供应计划，实现人员快速精准供应。

2015 年，华为的墨西哥 AT&T 项目便利用内部人力资源池极好地完成了人员调度。墨西哥 AT&T 项目相当复杂，项目一启动，项目经理李隆兴利用内部人才资源池，仔细甄选合适的人才，仅两个月的时间就从中国、美国、印度、马来西亚等各国，集结懂西班牙语的人员、懂北美标准的专家及各类网络专家 455 人，很好地保障了项目的顺利推进，让 AT&T 项目得以顺利交付。

组织内部人才市场的建设为内部员工提供了发展渠道，也节省了企业寻找外部人才的时间和精力，有效地提升了组织的人力资源管理水平，激发了组织人才的活力，进而实现了人才结构的优化。

5.5.2　高效育人，打造"铁血"队伍

在华为的新员工培训课程清单里写明了文化、工作常识、职业技能的培训时间比例是 7∶5∶3。华为是非常重视对员工思想文化的培育的，具体的方法就是推行全员导师制度，当员工进入部门或老员工调到新部门后，都会安排导师对其进行引导。

导师的主要作用除业务工作上的"传，帮，带"之外，还会关心员工的思想与生活，每周会进行至少一次的沟通交流。华为的全员导师制增加了员工对于新环境的归属感、激发了员工的工作积极性，极大程度地推进了公司的人才培养工作。

导师制还是一种团队协作的体现：第一，华为提倡老员工担任导师，在教导新员工的同时，自己也能得到进步，教学相长；第二，老员工的"老"不体现在年龄上，也不体现在工龄上，而是由工作经验丰富、思想素质过硬的员工担任，促进部门团队的交流合作；第三，导师与学员是同进退的，如果学员表现优异，那么导师也可获得优秀导师奖，同样，学员出现问题，导师是要直接负责且晋升受限的。

此外，华为还非常关注管理者的培养工作，华为大学对此设立了不同的项目对各层级的管理者进行赋能，如表 5-7 所示。

表 5-7　华为大学培养项目

类　　型	项　　目	赋 能 环 节	培 训 重 点
一线管理者	FLDP	自学考试、集中培训、实践检验、述职答辩、持续学习	角色认知、授权、人力资源管理的理念等
后备干部	青训班	网课自学、课堂演练、项目实践、结业答辩	能力转换、战略目标建构能力提升等
中高层干部	高研班	理论自学、课堂研讨、论文答辩、深度发酵	战略洞察力、管理理念、华为国际化发展战略等

注：FLDP（First Line manager Development Plan，一线管理者培养计划）。

在华为大学的所有培养项目中，训战结合是贯穿整个培养体系的培养模式，这是因为华为大学成立的初衷就是为了培养能够支撑业务战略发展的人才。

华为对于员工培训的要求非常严格，其要求员工在训练时学习到的工具、方法要与实际工作场景中的一模一样，包括表格、代码……但这其实是非常难以实现的，无论是内部培训机构还是外聘的培训团队，其培训内容和岗位实际工作内容还是有较大的差别的。

为解决这一问题，华为大学的讲师在做培训的时候，会尤其注意培训要"所学即所得，所得即所用"，讲解培训与实操的差距。而华为大学做到了培训简单化，贴近项目作战，辅以原理讲解，加以考核激励，从而使有潜力的人敢上战场、能上战场，最终提拔为华为的"将军"。

华为拥有成熟的人才培养体系，通过训战结合的模式，不断向组织输送得力干将，他们带领出一支支敢于冲锋、善于打仗的"铁血"队伍，战斗在各条战线的最前列，他们就是华为事业发展的宝贵财富。

5.5.3　让人才能上能下，能进能出

很多企业敢于提拔人才，但当出现管理落后、部门僵化等问题时又很难对管理者做调动，处理的手段过于强硬的话就会影响企业员工团结，不做处理的话问题将愈加严重。因此，对于组织人才我们应当建立能上能下、能进能出的机制。

高盛是华尔街最后一家保留合伙制的投资银行，拥有 33 000 多名员，其中就有 500 多名合伙人，约占总人数的 1.5%，且每两年会更新 1/4 左右的合伙人，通过建立相应的选拔、激励及约束机制，让人才能上能下、能进能出，以合伙人制吸引优秀人才、强化风险与责任意识，确保组织的活力与竞争力。

任正非曾说过，优秀人才要经得起时代的检验，做一个有为的人；华为内部报刊上有员工提出口号"烧不死的鸟就是凤凰"，能上能下，经受大风大浪，这些都是有意义的。华为能够做好人才的能上能下、能进能出，正是因为其内部建立了完善的机制保障。

（1）企业文化传递观念

华为的"以客户为中心，以奋斗者为本，长期艰苦奋斗，坚持自我批判"四项核心价值观早已根植于每一位员工的心中，不认同价值观的员工早已被清除企业。职位调整的观念正是核心价值观的体现，华为一直强调干部要能上能下，人才要能进能出，这样他们一定可以取得杰出的成就。能上能下、能进能出已是被众人认可的文化导向，华为内部也有许多典型案例：如 1996 年的市场部集体大辞职、制度化让贤，最终约有 30% 的员工被降职或解雇；毛生江曾被两度降职，调至山东任代表一职，但他仍不懈努力，并于 2000 年因业绩显著晋升为华为执行副总裁。

可见，华为绝无"功劳簿""铁饭碗"这一说，市场部集体大辞职开创了能上能下、能进能出的先河，毛生江等人的事例也激励着华为员工成为"烧不死的凤凰"。任正非认为："任何一个民族，任何一个公司或任何一个组织只要没有新陈代谢生命就会停止。只要有生命的活动就一定会有矛盾，一定会有斗争，也一定会有痛苦。如果说我们顾全每位功臣的历史，那么我们就会葬送我们公司的前途。如果我们公司要有前途，那么我们每个人就必须能够舍弃小我。"

（2）建立完善的制度保障

华为不仅通过企业文化向员工传递了正确的观念，其还建立了一系列的制度体系确保真正实现人才能上能下、能进能退。华为通过"赛马"选拔出有才能、有干劲的干部，通过干部任期制强调人才的流动，要求干部要走"之"字形发展路线，并用规范的流程和客观的标准来对干部进行考核，以作为下一步调整的依据（见表 5-8）。

表 5-8　能上能下的制度保障（举例）

制　度	说　明
干部任期制	给予压力，消除惰性，竞聘上岗
干部述职制度	考核机制多样化，淘汰不称职人才
干部选拔和淘汰	动态管理，能者上、庸者下、劣者汰
岗位轮换制	转换发展渠道（双通道发展）
干部"之"字形发展路线	保持人才流动，突破部门边界

正是如干部任期制、干部述职制度、干部选拔和淘汰、岗位轮换制、干部"之"字形发展路线、干部监察体系等一系列制度的建设确保了华为公平的竞争环境，真正建立起人才能上能下的竞争淘汰机制，薪酬制度、岗位轮换制度和"之"字形发展路线也减少了人才接收降职处理时的阻力，人才处于"下方"时，锻炼了其意志与能力，为其再次到达"上方"积蓄力量。

（3）流程建设减少影响

人才的上下与进出调动，势必会对岗位所负责的工作的进度和质量造成影响，这在一定程度上阻碍了人才在企业内部的自由流动。华为就强调要将"人治"转变为"法治",让工作标准化、确定化,将非确定性事务细化转变为确定性事务,对确定性事务通过关键节点的监控,使企业运行依靠于良好的循环机制,而非特定的人才。

任正非曾说过,要坚持对流程、对管理体系进行变革,去除中间不必要的环节,打造一支精简、有战斗力的队伍。不断推进流程建设,形成制度与规范,提升管理效益,拓宽规范化和标准化的覆盖面,让人才自己真正敢上、敢进,让企业能对人才敢下、敢出。

建设人才能上能下、能进能出的组织机制不代表企业要"过河拆桥",华为通过员工持股计划始终保障着员工们的利益,降职会进行一定的调薪,但不会减少员工的持股。因此,华为很少出现"尸位素餐"这类短视行为,员工更关注公司的健康发展,老员工愿意为新员工腾出空位,让新鲜的血液在组织中奔涌。

第6章
组织架构与分工

　　组织架构是战略实施和流程运作的基本平台，组织架构具有一定的惯性，其变动具有一定的滞后性，企业管理者往往还习惯于旧的框架体系，这影响着企业经营管理活动的有序开展。因此，当外部环境发生变化时，企业就需要及时构建新的组织架构，以支撑组织战略实施和流程运作。

6.1　诊断与分析组织架构

组织架构可以帮助企业系统地将复杂、困难的项目进行分解，得到每个部门、层级和岗位所需完成的任务与职责。在构建新的组织架构之前，企业应当先对自己现有的架构情况进行诊断与分析，确认组织当前存在的问题，并通过对标先进企业的组织设计与管理，找寻针对现有问题的解决方案。

6.1.1　组织架构要与业务发展匹配

外部市场环境愈加复杂，客户需求愈加多变，当企业拥有一个与业务发展相适配的组织架构时，就能保障企业能够紧跟环境变化，始终保持强大的业务能力，进而抓住市场发展机遇，赢得市场的领先地位。

马化腾曾说过，仅依靠创始人的热情是无法维系企业的长远发展的，腾讯一直在思索组织架构上的变革，追求组织架构上的创新。对腾讯而言，以往的组织变革都是依据组织内外环境及当前公司业务发展做出的判断，它们都在因时而变、因势而动。

腾讯自 1998 年创立以来，已进行过多次组织架构的重大调整，每次调整都推动了公司核心业务的飞速发展。

随着手机 QQ、移动增值服务、互联网增值服务的推出，腾讯还与中国移动推行了"移动梦网"计划，并获取了 MIH 公司的资本投资，QQ 同时在线用户数突破 100 万名，注册用户数突破 1 亿名，顺利走出了当时的互联网寒冬。马化腾等一众创始人对腾讯进行了第一次组织架构调整，整个公司划分为三大部门：市场部门、研发部门与职能部门（见图 6-1）。

腾讯已初步完成了在线生活产业模式的业务布局，相比上次架构调整，产品类型暴增，众多产品的技术需求提交到研发部门得不到及时的处理，很多产品线的研发与市场之间的沟通渠道没有被打通。故而腾讯在 2005 年下发开展第二次组织架构（见图 6-2）调整的文件，以企业产品为单位形成事业部（腾讯称为业务系统），各系统独立运营，职责如表 6-1 所示。

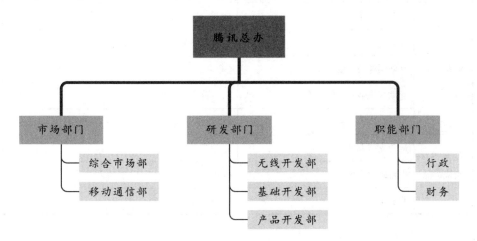

图 6-1　腾讯第一次组织架构调整（2001 年）

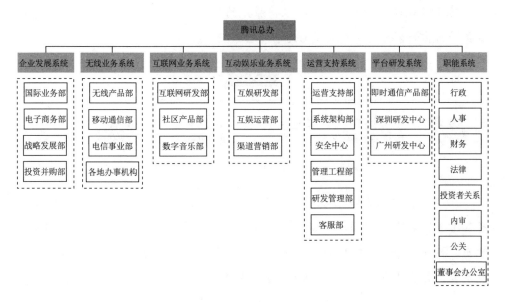

图 6-2　腾讯第二次组织架构调整（2005 年）

表 6-1   腾讯业务系统制各系统职责（2005 年）

分类	系统	职责
业务系统	企业发展系统	战略、投资并购相关业务
	无线业务系统	运营商相关业务
	互联网业务系统	QQ 相关业务
	互动娱乐业务系统	网络游戏相关业务
	网络媒体业务系统	门户网站相关业务
支持系统	运营支持系统	服务器、数据库安全支持
	平台研发系统	技术研发支持
	职能系统	职能支持

2012 年，微信受到了消费者的欢迎，且腾讯对多家公司进行了投资与并购，其业务规模进一步扩大。腾讯将原先的业务系统升级为事业群并对原先的业务进行重新划分，又对研发与运营平台进行了整合（见图 6-3）。

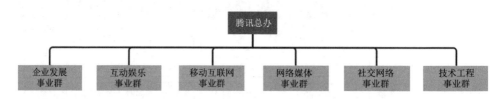

图 6-3   腾讯第三次组织架构调整（2012 年）

2014 年，腾讯第四次对业务进行了调整（见图 6-4），撤销了搜索、电子商务等业务，对剩下的团队重新整编。同时，微信进一步壮大，与老牌业务 QQ 比肩，腾讯形成了以微信和 QQ 为双社交平台的架构。马化腾对此评价道：有竞有合，各有使命与目标，"两条腿走路更稳健"。

图 6-4   腾讯第四次组织架构调整（2014 年）

2018 年，腾讯进行了第五次组织架构调整，重新组合了各事业群业务，推动业务在云上全面整合，搭建 to B 业务流程链条，加强内部技术开放共享和协同共建，推动各项管理和文化的升级和深化。对于组织架构的建设工作，腾讯永远在路上。

随着企业的快速发展，其组织规模进一步扩大，业务与产品类型愈加庞大，流程就应不断精简以提升效率，组织架构设计就一定要适配当前或接下来的业务发展情况，从而提升业务部门的竞争力与组织的灵活性，完成企业的战略目标。

6.1.2　掌握组织架构诊断与分析的方法

组织架构要跟随战略、业务发展做出调整，在调整前，企业要选择合适的方法和工具，对组织架构进行诊断与分析，由此得出组织架构调整的方向和策略。

组织架构诊断是指通过一定的管理诊断工具对企业的业务流程与管理流程、部门设置、部门使命与部门职责、岗位设置、岗位使命与岗位职责、人员定编状况等进行诊断，以判断企业组织架构是否与公司业务战略或职能战略相适应，是否进行了有效和必要的分工，并最终体现在是否有较高的管理效率等。

常用的组织架构诊断与分析的方法有 6 种：职能分析法、资源分析法、职权分析法、流程分析法、贡献分析法、标杆借鉴法。

（1）职能分析法

职能分析法包括基于战略的职能分析法和基于现状的职能分析法：基于战略的职能分析法又称为职能分解，是在明确企业战略的基础上，对实现企业的战略目标所要完成的职能进行详细、深入的分析、分解；基于现状的职能分析法是在现有部门职责、岗位职责的基础上，分析该部门、岗位是否已充分履行了自己的现有职能，现有职能是否与企业的战略要求相一致，是否符合先进的做法。

（2）资源分析法

资源分析法主要分析组织资源在各部门、岗位之间的分配。对照各部门、岗位的职能与贡献来分析资源的投入情况，以明确企业资源配置是否合理，对于职能完成过程所形成的信息资源，企业应通过组织设计，将这种资源由员工个人集中到企业手中。客户信息、工作技能就是这种信息资源的典型代表。

（3）职权分析法

职权分析法主要是通过分析层级、部门、岗位之间的职权分配来发现企业组织结构中存在的问题。在诊断分析中，着重分析部门或岗位具有的职权是否与其承担的职责相适应；职权在部门或岗位之间的分配是否合理；职权在层级之间的分配是否既有利于高层领导控制又能激发基层员工的工作积极性；职权分配是否适应企业产品或服务的市场特点、技术特点、人员特点；职权分配是否过于集权或分权等。

（4）流程分析法

流程是一系列相互关联的行为，这些行为可以共同将企业输入转化为输出，共同为客户创造价值。流程分析法就是逐个分析流程效率，以了解企业内各个单位的协调水平，并分析进行流程整合的可能性，按照流程的连续性，以流程为导向来设计组织框架。

（5）贡献分析法

资源分析法是从投入上来看企业的组织管理状况的，贡献分析法则是从产出上来分析企业的组织管理状况的。这种方法对于分析业务部门的设置，尤其是独立核算的业务部门的设置非常有用。

（6）标杆借鉴法

以行业内领先的竞争对象为标杆，通过与标杆企业的对比来发现企业组织管理的不足，也可以直接借鉴标杆企业的做法来设置部门或岗位，再造业务流程或管理流程。

在进行组织架构分析时，往往需要同时选择好几种诊断与分析方法。

笔者在给一家公司做组织变革项目时，在组织诊断分析环节就组合使用了职能分析法、职权分析法、流程分析法、标杆借鉴法。从组织设计、部门职能、部门协同、岗位职责多个维度设计了研讨清单、访谈提纲和调研问卷。通过开会研讨、高管访谈、全员调研的形式对组织架构进行了详细的诊断，明确了公司主要存在的四大组织运作问题。

①组织设计：组织架构缺少对业务开展的支撑。

②部门职能：部分部门职能定位不明确，缺少对公司战略的承接。

③部门协同：部门间的协同机制不畅。

④岗位职责：岗位设置缺乏合理性。

笔者及团队成员根据诊断结果，讨论研究认为该公司的组织责权体系变革需要做到从组织架构上拉通各个业务部门及明确界定各部门、各岗位的责权。于是，参照标杆企业的组织架构设计及组织效能管理，针对该公司在组织运作方面存在的问题，笔者及团队成员制订了从梳理业务地图、优化组织架构、划分组织责权等方面来设计组织责权体系的解决方案（见图6-5）。

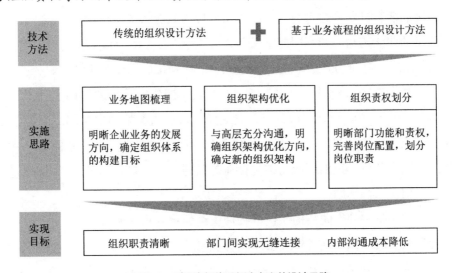

图6-5　组织责权体系解决方案的设计思路

该解决方案得到了客户的认可，随即，在公司领导的支持下，企业的组织变革全面展开，稳步推进。从前期诊断到落地推行，该组织变革项目前后经历了近一年的时间，通过组织架构的调整和优化，组织氛围得到了改善，组织的沟通协作效率也得到了明显的提高。

企业在进行组织架构诊断时，要根据企业的实际情况及诊断需要来选择合适的诊断与分析方法，将这些方法工具化，融入研讨清单、访谈提纲、调研问卷中，这样可以有效地识别出组织架构存在的问题。

6.1.3　理解常见的几类组织架构问题

组织架构一般可以分为职能结构、层次结构、部门结构和职权结构4个类型。根据组织架构的构成，我们将常见的组织架构问题也分为四大类：职能结构问题、层次结构问题、部门结构问题和职权结构问题。

（1）职能结构问题

企业管理是由各种职能组成的一个有机的系统。各职能之间相互联系、在不同的环节和层次上发挥着不同的作用，构成具有内在联系的整体。将企业管理的各种职能有机联系起来而形成的体系，称为职能结构。

常见的职能结构问题有职能交叉（重叠）、职能冗余、职能缺失、职能割裂（或衔接不足）、职能分散、职能分工过细、职能错位、职能弱化等。

企业在做组织诊断时，要对各部门在目前的组织系统中的作用、分工、隶属、合作关系是否明确等进行分析，判断企业现有组织架构中各部门职能是否交叉、冗余、缺失、错位等，也可以结合企业价值链，对价值链上各个环节的职能进行逐个分析，识别出职能结构存在的问题。

（2）层次结构问题

层次结构是一种纵向结构，包含管理层级的构成和管理幅度的大小。

常见的层次结构问题有管理层级和管理幅度不合理、管理分工不明确等。

通常来讲，管理幅度越大，管理层级就会越少，两者呈现负相关性。过多的管理层级会影响组织的运行效率，企业可以通过适当的增加管理幅度（一般来讲，每一位管理者的正常管理幅度为7~13人），压缩管理层级使组织扁平化，让企业的内部运行更有效率。

有的企业存在管理分工不明确的问题，基层、中层和高层管理者的分工不明确。管理者是企业正常运作的重要力量，但各级管理者对在企业运作中的定位和责任是不同的：计划管理认为高层管理者要负责企业的未来；中层管理者决定着企业的效率及人才队伍；基层管理者决定着企业的盈利状况，包括生产成本的增减、产品质量的好坏。各级管理者的职责不同，只有各层级的管理者都做好分内事，企业才能有序运作、高速发展。

（3）部门结构问题

部门结构是一种横向结构，是指各管理部门的构成。

在部门结构上，常见的问题有关键部门缺失或关键部门设置不合理，后台部门太多，部门人数少、数量多等。

随着企业的发展，组织会进一步细分职能，增加人员，最后会导致中后台部门设置过多，中后台人员持续增加，使组织变得臃肿。中后台人员通常不直接创造产出，中后台人员过多会降低企业的效益。企业要分析各中后台部门和岗位存在的必要性，对没有必要单独设置的部门或岗位进行合并。

有的企业设立了多个部门，有的部门人数很少，不足 3 人，部门之间往往还有"部门墙"，影响了组织效率，增加了管理成本。实际上，企业对各部门进行分析后会发现，不同的几个部门之间职能相近、业务范围也趋同，完全可以合并为一个部门。

（4）职权结构问题

职权结构是指各层次、各部门在权力和责任方面的分工及相互关系，反映了部门、岗位之间责权关系的对等情况。

常见的职权结构问题有高层领导职务、职责、职权不一致，部门职务、职责、职权不一致，管理岗位职务、职责和职权不一致。

概括来讲，可分为有权无责或有责无权两种情况。有权无责会使组织变得无秩序，有责无权会使责任部门或责任人无法对结果负责。

企业在诊断与分析组织架构时，可以先参考这四大类常见的组织架构问题对本企业组织架构存在的问题进行假设，在假设的基础上，灵活运用组织架构诊断与分析的工具和方法，识别组织架构存在的问题。

6.2 组织结构设计

组织的结构需要与企业当前的战略与业务发展情况相匹配，对组织结构进行设计时首先要认识结构的定义与维度，对于各个组织结构类型要把握其结构特征及整体发展规律，这样才可以帮助企业更好地开展组织设计工作。

6.2.1 组织结构类型及未来发展趋势

组织结构是指组织所有成员为实现组织目标，在管理工作中进行分工与协作，在职务范围、责任、权利方面所形成的结构体系。组织结构的 4 个类型，如表 6-2 所示。

表 6-2 组织结构的 4 个类型

序　号	类　　型	说　　明
1	职能结构	实现组织目标所需的各项业务工作及比例和关系。如企业围绕研发、生产、营销、售后等职能进行分工
2	层次结构	管理层次的构成及管理者所管理的人数（纵向结构）。如企业的层级自上而下可分为董事长、总经理、副总经理、部长、主管、员工等
3	部门结构	各管理部门的构成（横向结构）。主要从组织总体形态方面，对各部门一级、二级结构进行分析
4	职权结构	各层次、各部门在权力和责任方面的分工及相互关系。如企业高层管理者与中低层管理者之间的责权分配等

一般来说，企业组织结构的类型包括直线制组织结构、职能制组织结构、直线职能制组织结构、事业部制组织结构、矩阵制组织结构等。

（1）直线制组织结构

直线制组织结构是最古老的组织结构形式。在这种组织结构下，职权直接从高层开始向下传递和分解，经过若干个管理层次达到组织底层（见图 6-6）。

直线制组织结构比较简单，责任分明，命令统一，特点明显：①组织中每一位主管人员对其直接下属拥有直接职权；②组织中的每一个人只对他的直接上级负责或报告工作；③主管人员在其管辖范围内，拥有绝对的职权或完全职权。

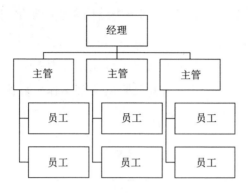

图 6-6 直线制组织结构示例

但它要求各级行政管理者必须熟悉与本部门业务相关的各种活动（尤其是最高行政管理者，必须是全能管理者），若缺乏横向的协调关系，则容易产生忙乱现象。因此，这种组织结构只适用于规模较小、生产和管理工作较简单的企业。

（2）职能制组织结构

职能制组织结构是指各级行政单位除主管负责人外，还相应地设立了一些职能机构。如在厂长下面设立职能机构和人员，协助厂长从事职能管理工作。它的优点是能适应现代化工业企业生产技术比较复杂、管理工作比较精细的企业，能充分发挥职能机构的专业管理作用，减轻直线领导者的工作负担；但缺点也很明显：妨碍了必要的集中领导和统一指挥，形成了多头领导等。职能制组织结构示例，如图 6-7 所示。

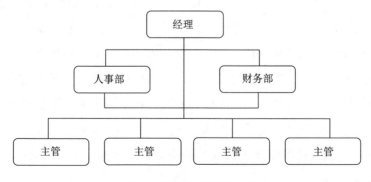

图 6-7 职能制组织结构示例

（3）直线职能制组织结构

直线职能制组织结构是在直线制组织结构和职能制组织结构的基础上，取长补短而建立起来的。它把企业管理机构和人员分为两类：一类是直线领导机构和人员，按命令统一原则对各级组织行使指挥权；另一类是职能机构和人员，按专业化原则，从事组织的各项职能管理工作。直线职能制组织结构示例，如图 6-8 所示。

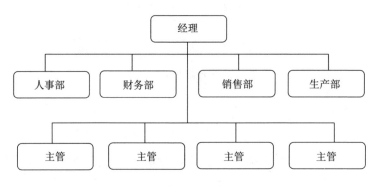

图 6-8   直线职能制组织结构示例

直线职能制组织结构既保证了企业管理体系的集中统一，又可以在各级行政负责人的领导下，充分发挥各专业管理机构的作用。其缺点是职能部门之间的协作和配合性较差，这样一来容易加重上层领导的工作负担，同时也会造成员工工作效率低下。

（4）事业部制组织结构

事业部制组织结构最早是由美国通用汽车公司总裁斯隆于 1924 年提出的，是一种高度（层）集权下的分权管理体制。它适用于规模庞大、品种繁多、技术复杂的大型企业。事业部制组织结构是指将一个企业按地区或按产品类别分成若干个事业部，从产品设计、原料采购、成本核算、产品制造，一直到产品销售，均由事业部及所属工厂负责，实行单独核算、独立经营，企业总部只保留人事决策权、预算控制权和监督权，并通过利润等指标对事业部进行控制。在某些企业有的事业部只负责指挥和组织生产，不负责采购和销售，实行生产和供销分立，但这种事业部正在被产品事业部所取代。事业部制组织结构示例，如图 6-9 所示。

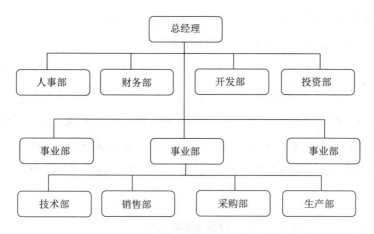

图 6-9　事业部制组织结构示例

（5）矩阵制组织结构

矩阵制组织结构是指既有按职能划分的垂直领导系统，又有按产品（项目）划分的横向领导关系的结构。

矩阵制组织结构非常机动、灵活，可随项目的开发与结束进行组织或解散，同时它也加强了不同部门之间的配合和信息交流，克服了直线职能结构中各部门互相脱节的现象。但是，人员上的双重管理是矩阵制组织结构的先天缺陷，且由于项目组成人员来自各个职能部门，当任务完成以后，他们仍要回原部门，因而容易产生"临时观念"，对工作有一定的影响。矩阵制组织结构示例，如图 6-10 所示。

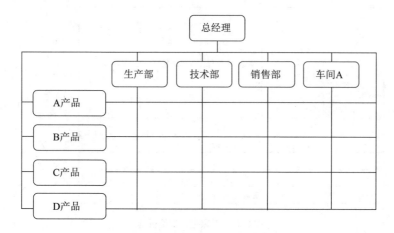

图 6-10　矩阵制组织结构示例

矩阵制组织结构适用于一些重大攻关项目。企业可用来完成涉及面广的、临时性的、复杂的重大工程项目或管理改革任务。

企业组织结构的演变过程本身就是一个不断创新、不断发展的过程，没有企业能够使用一成不变的结构取得长期的成功。除这些基本的组织结构形式外，国内外大型企业都在探索适合自身发展的组织结构形式。总体来说，企业组织结构发展呈现出重心两极化、外形扁平化、运作柔性化、结构动态化的趋势，相继涌现出了诸如无边界组织、生态型组织等新型的组织结构形式。

6.2.2 基于价值链分工，设计组织结构

基于价值链分工，公司需要考量其当前的组织结构：若想要更好地实现为客户创造价值，需要建立什么样的组织机构？这些组织机构如何匹配价值链？当前的组织结构能否支撑价值创造活动？等等。

图6-11所示为某家电厂的价值链，给予价值链的各项价值创造活动。图6-12所示为某家电厂的组织架构，其设立了对应的组织架构以确保产品生产流程的完整与畅通。在一开始，家电厂可能管理层级很少，采购部、生产车间等业务部门负责产品的生产流程，而财务部、人力资源部等职能部门负责保障业务的顺利运转。

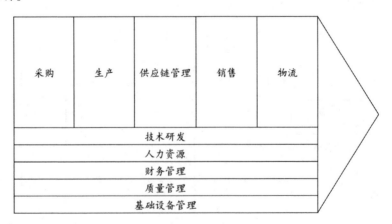

图 6-11 某家电厂的价值链

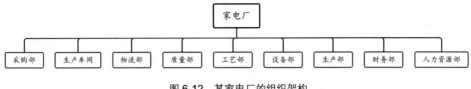

图 6-12 某家电厂的组织架构

当该家电厂逐渐做大做强后，就会根据家电行业的"研产销"价值体系分别设立研发中心、生产中心、销售中心，并在各中心和总部都配套设置价值链支持活动部门的职能部门，将这些部门整合进业务中心，实现架构支撑、流程畅通，更好地让信息流与物资流在公司内部运转，减少部门间沟通的损耗（见图 6-13）。

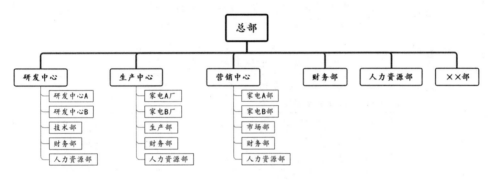

图 6-13 某家电公司的组织架构

三大中心或流程之间的协同都依靠着总部的统一调配，总部制定战略规划，决定着公司整体的效率，通过总部的职能部门决定各个业务部门所分配到的资源与管控模式。

通过价值链分工进行组织结构的设计，使得各业务中心独立经营，而总部承担决策部署、管控协调、信息和资源共享、管理咨询等服务，为业务部门的价值创造提供支持。

6.2.3 系统梳理业务，完善业务单元设置

通过对价值链进行分析，企业设计了初步的组织结构，现在还需要针对企业的业务做系统的梳理工作，以确定业务单元的设置。在对业务做梳理归并

时，从客户类型、商业模式、技术逻辑、产品等不同维度进行归并。

华为首先基于智能进行分工，在集团建立一个大的职能平台，包含企业职能、供应链管理、研发、网络安全等模块。在确定平台后，华为针对业务的客户类型和产品，单独设置了四大业务群——运营商 BG、企业 BG、消费者 BG、云与计算 BG（见表 6-3）。

表 6-3　华为四大业务群

业 务 群	说 明
运营商 BG	华为面向运营商客户的解决方案营销、销售服务的管理和支撑组织，帮助客户应对未来挑战和转型，不断提升公司的行业竞争力
企业 BG	华为面向企业 / 行业客户针对不同客户的业务特点和经营规律提供创新、差异化、领先的解决方案，解决终端产品客户需求，提高客户满意度
消费者 BG	公司面向终端产品用户和生态伙伴的端到端经营组织，对经营结果、风险、市场竞争力和客户满意度负责
云与计算 BG	对华为云与计算产业的竞争力和商业成功负责，承担云与计算产业的研发、营销、生态发展、技术销售、咨询与集成使能服务的责任。围绕鲲鹏、昇腾及华为云构建生态，成为数字世界的底座

华为过去对于业务群都是进行直接管理的，通过总体解决方案与区域组织管控，各自开展业务。华为为了将授权推向前线，在 BG 也成立董事会，让各 BG 自主经营，对于业务也可以再进行细分，形成不同的业务单元，并授予相应的权力和压实应承担的责任。

2020 年，华为将汽车这一新兴业务整合进消费者 BG，一方面，这可以让消费者 BG 中对于消费者的深刻理解能够更直接、更有效的在智能汽车业务的新产品中有所体现（见图 3-6）；另一方面，华为的消费者 BG 的创造和设计能力是非常强的，它能更好地帮助到汽车 BU 适应和发展。

华为的这种组织架构设计将集团打造成支撑不同业务发展的共享服务平台，而各业务单元成为受总部统治实施的抓手，能更及时、准确地为客户提供产品和服务。

6.3 组织管控体系设计

设计组织的管控体系是一项系统性工程，涉及其内部众多方面，如组织战略、治理结构、管控机制、部门职能等。组织中构建起一个合理的管控体系能够支撑组织的平稳运营，推进企业的发展和战略目标的实现。

6.3.1 厘清公司战略，选择管控模式

组织管控体系的整体趋势是朝着系统化、闭环化的方向发展的，企业中常见的管控模式有 3 种：财务管控型、战略管控型、运营管控型。管控模式的选择需要综合考虑企业的战略重要度、组织规模、资源依赖度、业务成熟度、管理成熟度等因素。

某公司通过公司资料、人员访谈、调查问卷、会议讨论等方式，梳理组织发展战略，分析内外部企业环境，盘点组织人才资源，确定公司目前的管理情况，并参照表 6-4 最终明确了所需求的管控模式。

表 6-4 企业管控程度分析表

序 号	程 度	现 状
1	战略重要度	低　　　　高 1 2 3 4 5
2	组织规模	小　　　　大 1 2 3 4 5
3	资源依赖度	低　　　　高 1 2 3 4 5
4	业务成熟度	低　　　　高 1 2 3 4 5
5	管理成熟度	低　　　　高 1 2 3 4 5

注：表中程度视企业自身情况补充，得分高代表企业管控程度强。

在明确企业自身情况后，可以依据需求来选择合适的管控模式，财务管控型、战略管控型、运营管控型3种管控模式的特点如表6-5所示。

表6-5 管控模式的特点

特　　点	管控模式		
	财务管控型	战略管控型	运营管控型
集分权	分权	适中	集权
管控目的	降本增效，追求价值创造，最大化财务收益	各业务层级协调发展；业务遵循战略目标定位	战略与经营理念的贯彻执行；经营行为的统一；整体协调发展
总部与下属单位关系	总部以财务、审计对下属单位进行管理和考核	总部以战略规划对下属单位进行管理和考核	总部对下属单位的各项经营管理进行深度管控
适用范围	多种不相关产业运作	多种相关产业运作	单一产业运作

3种企业管控模式的特点在对总部与下属单位管控手段的分配上也有所体现（见表6-6）。

表6-6 管控模式的管控手段分配

管控手段	管控模式		
	财务管控型	战略管控型	运营管控型
资本运营	△	△	△
审计管理	△	△	△
监督管理	△	△	△
战略管理	○	△	△
财务管理	○	△	△
人力资源管理	○	○	△
行政管理	○	○	△
生产管理	○	○	△
资本管理	○	○	△
技术管理	○	○	△
业务执行	○	○	○

注：△代表由总部核心管控，○代表由下属单位管控。

最适合的管理就是最好的管理，所有的方法、制度都有其适用的场景，对于管控模式，切忌生搬硬套、囫囵吞枣，前期工作一定要做充足，不同的企业性质、企业周期、员工结构、企业文化等都会造成不同的需求，反映在模式的选择上也会各有不同。

6.3.2 明确管控链条及责权设置

在选取好管控模式后，企业可以从战略管理、财务管理、审计管理、人力资源管理等主要职能入手，设计管理链条。明确管理链条、划分管控界面是为了让各主体责权得到有效的规范。

某国有企业推进企业改革后，出资人理顺职责，转变监管方式；董事会加强建设，落实董事会职权；经理层激发活力，维护经营自主权；监管会发挥作用，完善问责机制；党委会发挥政治优势，坚持党的领导，实现治理能力的现代化目标。

明确各职能、层级之间的主要职责，厘清决策流程与汇报关系能帮助企业更好地划分岗位及部门责权，某企业部门的责权设置如表 6-7 所示。

表 6-7 某企业部门的责权设置

职　责	层　级			
	董事会	总经理	分管副总	财务部
（1）企业规划				
①企业长期发展规划	决定权	复核权	建议权	
②品牌发展战略	决定权	复核权	建议权	
③部门财务年度预算	决定权	复核权	审核权	建议权
（2）部门运营				
①部门干部选拔、考核、调动			决定权	建议权
②部门员工选拔、考核、调动				决定权

职　　责	层　　级			
	董事会	总经理	分管副总	财务部
③部门业务指标设计、评估、考核			决定权	建议权
④对产品部门的支持与管理				决定权
………				

混乱的管理不利于企业的长期发展，还会淡化企业管理层的权威性。

美的集团对于企业管控就提出"集权有道、分权有序、授权有章、用权有度"的十六字方针，还制定了集团主营业务的《分权手册》，规范了集团、事业部和各职能部门在经营管理中所享有的权利和应承担的责任，这样无论美的集团处于何种规模、何种发展阶段都能管理得当。

企业应当设计科学的管理制度和责权体系，并在内部实行规范化管理，切实保障决策运营效率，这样才能有效促进企业快速发展。

6.3.3　建立明确、清晰的管控机制

在明确划分责权后，企业就需要建立起明确、清晰的管控机制，以确保组织的内部效率。例如，总部可以通过控制工作计划、工作报告、高管人员和财务人员的委派及对下属单位的定期调查等方式，做好对下属单位的管控工作。

某公司业务发展到一定规模后，聘请专业的管理咨询机构进行组织诊断，并根据公司实际情况设计了事业部制，制定《事业部体制大纲》。制度规定公司实行分级核算和分级管理，事业部体系使得一定的人权、财权、事权得到下放，各事业部能更好地自主经营。公司的管理层、各部门权限、财务制度也得

到了有效的划分和规范，让公司的业务都进入了标准化、规范化的议程，组织管理更加正规化，强大的管控机制使得公司更具抗风险能力。

该公司变革后管理结构分为战略决策层与经营决策层，共同推动公司的发展（见表6-8）。

表6-8 某公司事业部制管理结构

管 理 结 构	组 成 人 员	负 责 事 项
战略决策层	董事会及其管理委员会和总部职能部门的人员	负责公司的整体战略发展和管理控制，不直接干预日常运营
经营决策层	各大区事业部的总经理	负责各事业部的运营

为满足公司的业务要求，公司内部实行分级核算、分级管理，下放给各部门更多的管理权限。同时，在公司监事会的领导下，还逐步建立起独立的监督审计体系，如制订业务计划、建立预算结算制度、业务考核体系等，对公司的经营管理进行管控监督，保障事业部的整体经营不偏离公司的战略目标。

任正非指出，管控机制的建设要在保证合理有效的基础上，做到尽可能简单，未来权力要向前线推移，管控也要跟着向前线推进，让层层组织承担起责任来。

6.4 分配和定义组织责权

组织责权的划分要从企业整体的战略规划与业务流程入手，能让员工更好地理解部门职责、岗位职责与企业战略之间的关系，明确自身在实现企业战略过程中的价值。为了体现横向、纵向职责之间的逻辑关系，企业通常采用自上而下的职责分解方式。

6.4.1 完善部门设置，界定部门职责

通过对价值链进行分析，企业在设计组织架构后，还需要通过梳理企业职能情况来完善对具体部门的设置。企业可参照表 6-9，借助矩阵形式来对内部各职能模块的现状进行诊断，明确各职能模块是否都有对应的部门承担，是否需要增设部门，或者对部门负责职能进行加强、合并。

表 6-9　企业职能梳理表

职　能	部　门				
	A 部门	B 部门	C 中心	D 中心	……
战略管理					
组织管理					
财务管理					
……					

注：★代表职能已成熟，☆代表部分职能已建立，×代表职能缺失。

在确定企业职能建立情况后，对于欠缺的职能应当思考是否需要增设部门予以强化，对于职能欠缺的部门，也要思考是否需要增设岗位予以调整。

笔者为某公司进行组织架构设计时，通过对公司部门职能的梳理，综合现有组织架构存在的问题，项目组拟定了组织架构的优化方向。

第一，将原有的技术研发中心改为产品与信息化中心。强化公司的产品研发能力，推进公司的信息化平台建设，让信息化更好地为产品研发服务。过去，公司没有专门的产品部门，而各个业务部门忙于业务和交付，没有时间去优化产品，导致公司产品跟不上市场发展节奏。

第二，增设市场拓展部。过去各事业部独自作战，缺少统一的市场接口，成立市场拓展部，可以统一客户对接界面，有利于市场的开拓。

第三，将品牌发展部改为品牌运营与重大项目部。该部门除了承担原来的品牌运营和策划推广职能，还要进行重大项目的交付。

第四，将综合管理部改为战略发展与综合管理部。强化公司战略管理，由战略发展与综合管理部主导做好战略管理工作。

第五，增设人力资源部。原来人力资源职能由综合管理部承担，但综合管理部有太多的行政事务工作，缺少公司层面的人力资源规划和人才培养。成立人力资源部，能够根据公司战略发展及公司价值观的引领要求，为公司可持续发展提供人力资源保障。

第六，将审计法务部改为纪检监察与审计法务部。在原有的审计法务部的职能中，增加了纪检监察职能。

企业在正式确定了组织的部门设置后，接下来就要对部门职责进行界定。工作思路是首先对企业的主业务流程（价值流）进行梳理；然后将主业务流程分解，得到各业务流程的关键价值活动，并明确各价值活动的责任部门和协作部门；最后对落实到部门的多项关键价值活动进行提炼概括，形成部门的核心职责，如表 6-10 所示。

表 6-10　对准业务流程澄清部门职责（示例）

主业务流程	关键价值活动	人力资源部	财务部	市场部	综合管理部	信息化中心	…………
战略与经营							
产品与解决方案							
客户管理							
营销管理							
财务管理							
绩效管理							
人才管理							
行政管理							
……							

在分析与界定部门职责时，整体要以战略目标为核心，既要让部门在流程中承担起责任，又要让整个流程形成闭环，保证工作顺畅进行。此外，部门间的职责边界必须明确、清晰，不能有缺失或重合，既不能将简单的任务分派给多个部门负责，也不能将复杂的任务交由一个部门负责，这些都不利于组织内部协同、流程运作效率及组织能力的培养。

6.4.2　分解部门职责，进行岗位设计

在部门进行岗位设计时，可以根据已厘清的组织架构对部门职责进行分解，分解到最后的职责就对应着部门中的职位。职责分解的程度与企业情况相关，当分解到底层职责满足岗位职责时，匹配职位即可。在实践中，职责分解的次数越多，分解工作量就越大，职责被分解得就越充分，得到的底层职责就越多，单一职责对应的工作量就越少，最后可能还是需要进行合并，这对于岗位设计而言是没必要的，因此，岗位设计也要选定好适度的职责分解程度。

图 6-14 以某公司某部门为例，展现了部门职责分解工作的基本逻辑，当部门职责全部被分解为子职责后，子职责 1、5、6 就分别与职位一一对应，而子职责 2、3、4 因为工作量、工作内容等因素的综合考虑，就进行了整合与合并。

图 6-14　某公司某部门职责分解示意图

　　这意味着职责分解得到的子职责与职位并不完全是一一对应的，这是考虑到了节省人力成本等多方面的原因。

　　【管理研究】部门内岗位设置原则

　　学术界针对职责分解及岗位设置的原则做了丰富的研究，主要包括以下几个方面的内容。

　　①战略导向原则。部门内部的岗位设置应立足于战略目标实现的需要。即从企业业务流程出发，将职位与流程对接，使业务流程更加顺畅、精简、高效。

　　②分工协调原则。在企业组织整体规划下，实现职位的清晰、合理分工，并在分工的基础上展开有效的协同，以提高组织效能。

　　③因事设岗原则。部门中的岗位设置要基于战略目标实现和流程运作的需要，按照部门职责范围划定，不能"因人设岗"。

　　④最少岗位数量原则。在设置岗位时，要尽最大限度节约企业人力成本、尽可能缩短岗位之间信息传递的时间。因此，设定能满足要求的最少数量岗位，以此避免组织中出现"人浮于事""相互推诿"的现象。

　　⑤一般性原则。在设置岗位时，主要考虑的是常规情况，即常规情况下岗位需要承担的工作量、工作内容、工作强度等，无须过多考虑极端情况。

　　在分解部门职责，对应部门岗位后，企业就需要审视各个岗位的职责，确认岗位职责的边界必须明确、清晰，岗位职责不能出现职责交叉、重叠、弱化或缺失的现象，并且岗位工作量多少与复杂程度必须相吻合。

6.4.3　以岗位说明书落实岗位责任

　　当岗位设计好后，企业可以通过完成岗位说明书来将分解后的责任真正落实到部门岗位上。岗位说明书的内容分为两大模块：岗位描述与岗位规范。岗位描述包括岗位基本信息、岗位概要、岗位职责、工作权限、工作关系、工作环境等岗位特性的描述；岗位规范是指岗位任职资格，是对任职员工的能力、素质、经验等多方面的要求。

　　岗位说明书包含的具体内容，如表 6-11 所示。

表 6-11　岗位说明书包含的具体内容

模　块	内　容	说　明
岗位描述	岗位基本信息	岗位名称、所属部门、岗位定员、上级岗位、下级岗位等内容
	岗位概要	岗位设置的目的、工作内容与工作范围等的概述性描述
	岗位职责	基于部门职责分解结果，按照流程或职责重要性依次列出
	工作权限	根据工作内容与岗位职责，企业授予该岗位进行决策的范围与程度
	工作关系	该岗位在日常工作中需要与组织内外部进行联系沟通的对象及该岗位的汇报对象、督导对象
	工作环境	该岗位所处的工作场景的环境情况，包括自然环境、安全环境、社会环境
岗位规范	岗位任职资格	胜任该岗位所需的最低条件，包括教育程度、工作年限、年龄、性别、健康要求、专业资质等基本要求及岗位技能要求、素质标准等

　　通常情况下，企业会根据实际情况，选取部分内容形成岗位说明书，如表 6-12 所示。

表 6-12　岗位说明书（示例）

一、岗位基本信息			
岗位名称		所在部门	
岗位编号		岗位定员	
直接上级		直接下级	
二、岗位职责			
1. 2. 3.			
三、岗位工作关系			

续表

四、岗位任职资格	
专业与学历要求	
工作经验要求	
知识与技能要求	
职业素养要求	
上岗证 / 资格证	
其他	

岗位说明书可以将实现组织战略目标的职责落实到具体的岗位员工身上，并在招聘、培训、绩效、薪酬等多个环节发挥重大的作用。

6.5　科学管理组织编制

当企业中某一项业务的模式逐渐走向成熟且稳定运作时，为确保岗位设置和人员配置的合理、精干，就应该依据组织战略对其进行科学的编制管理，确定部门需要人员的数量、质量和结构。

6.5.1　定编作用及影响因素

定编，又称编制管理，是指以精简组织用人、提高工作效率为目的，通过科学、合理的方法，分析得出部门完成任务所需的岗位人数。如此一来，部门进行人力资源投入时就能有凭有据，企业也能从整体上把控组织的人力资源成本。

定编是三定管理（定岗、定编、定员）中极为重要的一环，通过对组织编制的管理，可以形成企业人力资源配置清单。表 6-13 所示为 2021 年上半年某企业人力资源配置清单，这份清单可以指导各部门人员配置工作的开展，推进实现人岗匹配。

表 6-13   2021 年上半年某企业人力资源配置清单（实例）

序　号	部　门	岗　位	目 前 人 数	计 划 编 制	备　注
1	人力资源部	部长			
		招聘专员			
		培训专员			
		薪酬绩效专员			
		劳动关系专员			
2	财务部	部长			
		成本会计			
		收入会计			
		税务会计			
		出纳			
3	……				
	总计				

当企业在不同发展阶段开展定编工作时，所起到的作用是不同的：企业处于成长期，编制管理主要是优化人才队伍的结构，推动资源的有效配置；企业处于成熟期，编制管理要降低业务人力成本，使组织管理精细化、条理化；企业处于转型期，编制管理核心要素是精简人员，以支撑转型后的经营发展。

由此可知，企业的发展阶段会影响到企业定编工作的开展。当企业进行编制管理的定编时，还有一些因素是不容忽视的，如表 6-14 所示，它分为两个维度：外部因素（技术水平、劳动力市场、竞争对手）和内部因素（战略目标、发展阶段、业务流程、部门职责、人员素质）。

表 6-14　定编影响因素及说明

两个维度	影响因素	说　明
外部因素	技术水平	科技的高速发展使得员工工作效率得到了极大的提升，劳动型岗位的编制逐渐减少
	劳动力市场	劳动力市场的激烈竞争使得企业越来越重视人才，对核心知识型员工的定编就显得更为关键了
	竞争对手	行业竞争对手、标杆企业的先进做法会被广泛借鉴
内部因素	战略目标	组织战略决定着组织架构，进而影响到编制的管理
	发展阶段	发展阶段不同，企业技术能力、管理水平、人员需求等均有不同，其影响着定编工作的开展
	业务流程	不同行业、不同业务的价值创造活动有着明显的差异，定编需依照企业重点关注的流程环节来开展
	部门职责	不同类别的岗位职责千差万别，如生产类岗位和销售类岗位的影响因素和定编方法就完全不同
	人员素质	现有人员影响着企业对于员工素质、能力的判断，进而决定了企业编制人员的数量，也影响着关键核心岗位的储备计划

在商业系统中，企业的定编工作受到内外部两个因素的影响，而在进行组织层面的整体定编与部门层面的定编时，其影响因素也必然会存在差异，这也决定了定编方法的选取会各有不同。

6.5.2　组织常见的定编方法

企业的编制管理需要根据自身人力资源情况，选取合适的定编方法来开展工作，以提升综合管理效果。

【管理研究】组织常见的定编方法

定编方法包括劳动效率定编法、业务数据分析法、比例法、业务流程分析法、预算控制法、职责分解法、专家团队法、设备定编法、对标法等。定编方法的选取应当结合企业实际的技术水平和管理水平，因其专业性强，所以应当由相关的专业人士负责方法的实施开展，以确保结果的科学有效。

常见的定编方法有很多种，每一种方法都有其适用的场景。

（1）劳动效率定编法

根据任务总量与人均任务量计算得出用人数量，适用于劳动密集型企业。例如，某工厂流水线当年生产任务为 10 万个零件，员工人均生产速率为 10 个 / 天 / 人，员工年假为 10 天，每周休息两天，年出勤率为 99%，则定编人数计算公式及结果为 $\dfrac{100000}{10\times(365-52\times2-10)}\times0.99\approx40$ 人。

（2）业务数据分析法

根据企业以往的数据（营收、薪酬、市场份额、人工成本等）来推算未来一定时期内的用人需求，适用于可以进行数据匹配的企业。例如，某业务部门目前有员工 100 人，人均年产出 200 万元，计划未来 5 年部门总产值年均增长率为 40%，人均产值年均增长率为 10%，则未来 5 年定编人数的计算公式为 $100\times\left(\dfrac{1.4}{1.1}\right)^{n}$。

（3）比例法

根据某职工群体占总群体数量的比例进行划分，适用于支持性与辅助性岗位。例如，某后勤部门每 10 名员工组成 1 组，并另行安排 1 个小组长，则确定后勤部员工人数为 80 人后就需配备 8 个小组长。

（4）业务流程分析法

根据流程中各个环节单位时间的人均工作量来决定各个环节的人数，以确保流程的畅通，适用于生产作业流程指导下的岗位。例如，加工某零件需要 3 道工序，已知 A 工序单位时间人均加工零件 1 个，B 工序单位时间人均加工零件 2 个，C 工序单位时间人均加工零件 3 个，则 3 道工序的最佳定编人数比为 6：3：2，此时，零件加工的整个工艺流程就能持续、高效地进行。

（5）预算控制法

通过控制组织整体人工成本去影响定编，这种方法对岗位具体人数是不做硬性要求的。例如，公司招聘 5 个年薪为 10 万元的员工与招聘 4 个年薪为 12.5 万元的员工的预算是一样的。假使他们最终完成的工作质量是相同的，选择后者更好，因为人多会产生无形的管理成本。如果给予员工更高的年薪，那么他们的工作积极性也会更高。

（6）职责分解法

通过部门职责分解，明确业务职责，确定业务工作量，并进行合理分配达到工作饱和，确定定编人数，适用于部门、岗位职责清晰的情况。该方法易受员工个人因素、工作因素、环境因素的影响。

（7）专家团队法

又称德尔菲法，适用于技术性强的岗位。一方面是对内部管理层进行访谈，了解组织人力资源管理的情况，从而预测未来一段时间的人力资源流动方向；另一方面是对外部专家进行访谈，获取重要的外部消息，如人员结构、技术水平、方法改进等，以确定其对定编数量的影响。

（8）设备定编法

根据员工与设备的关系，依据设备数量和最佳配比确定人员数量，适用于与设备强相关的岗位。例如，某工厂有 4 条流水线，每条流水线设备需要配备10 人，该工厂需配备生产工人人数为 40 人。

（9）对标法

对标行业内发展状况相近的先进企业编制管理，进行部门、岗位间的情况比较，并适度选取方案学习。

有时企业中复杂的岗位仅用一种方法难以得出科学、精确的定编数量，这就需要企业综合考虑岗位的情况，灵活选取多种定编方法，互相印证，确保定编结果的精度与效度。而且，任何定编数量的结果也都不是一成不变的，对于定编工作，也需要企业每隔半年或一年定期进行一次，确保编制人员满足企业发展的需求，同时不产生多余的人力资源成本。

6.5.3　准确把握编制管理的新趋势

传统的三定管理非常强调逻辑顺序，即先定岗、再定编、后定员，但在这个变幻莫测的时代，企业面对着一个不确定的市场环境，筑巢引凤显然已不再适用于高端人才的获取。例如，华为就更愿意将能力中心布局在人才聚集的地方，在有凤的地方筑巢，围绕顶尖人才构建一支团队，乃至整个研究院，让整个机构都围绕着他运行。

米兰有一个微波领域的顶尖专家，华为在聘用了该专家之后，就把"能力中心"建在了米兰，围绕着这位专家建立一个团队。如今华为在米兰的这个研究所已经成为微波的"全球能力中心"了。

在任正非看来，人才的产生是需要环境的，一个人的创新能力跟他所处的环境关系很大。离开了人才生长的环境，凤凰就成了鸡，而不再是凤凰。因此，华为提出要开放创新，构建"为我所知、为我所用、为我所有"的全球能力布局。

近年来，华为在全球建立了 26 个"能力中心"，把行业人才聚集起来，并提供合适的场景、条件来激发创新，一起探讨和打造解决方案。在俄罗斯研究数学算法，在德国研究工程制造，在美国研究软件架构，在日本研究材料应用，在法国研究美学应用……通过"能力中心"的建设，华为实现了"利用全球能力和资源，做全球生意"的目标，也提高了华为在世界范围内的竞争力和影响力。

正是华为这种先定员、再定岗、后定编的领先视角让其能够广纳天下之英才，助力打造强大的组织能力，继而实现企业基业长青。

美国管理学家吉姆·柯林斯在调查过上千家优秀企业后发现，卓越的公司都遵循"先人后事"的原则，即在企业拥有合适的人之后再去想做什么，人才是最应当优先考虑的。

①如果你是从"选人"而不是"做事"开始的话，就更加容易适应这个变幻莫测的世界；

②如果你有合适的人坐在车上的话，那么如何激励和管理他们就不再是问题；

③如果车上坐的是不合适的人，不论你是否找到正确的方向都无济于事。

为了应对变幻莫测的外部环境，企业未来的组织架构趋势将是扁平化、柔性化、动态化的，这也对编制管理提出了更高的要求，加快实现敏捷、灵活、高效的定编工作，让企业更快抢占市场先机。

第 7 章
流程体系与责权

　　企业职能部门管理重叠、中间层次多、流程不闭环等组织问题普遍，大多是因为内部缺少整体的流程体系，通过流程管理顺着流程确定责权利对等，可以保障有专门人员对流程全局负责，提升员工工作效率，实现企业的战略目标。

7.1   流程的定义及分类分级

流程是由一系列价值创造活动组成的，是最终传递给客户并最终作用于市场的价值流通渠道。实现流程管理要求我们先认知流程的基本属性，了解流程常见的分类分级标准。

7.1.1   流程的核心是反映业务的本质

美国流程再造大师迈克尔·哈默与詹姆斯·钱皮认为，流程是有精确定义的一个技术用语，它们是一系列相互关联的活动，这些活动共同为客户创造价值成果。

华为强调流程的核心是反映业务的本质，企业流程的建设应当围绕业务流来客观展开。对于流程，时任华为高级副总裁的贺敏在华为大学高研班中说道："流程描述的是业务流，IT 承载和使能的是业务流，数据是业务流中流动的信息。从采购到交付，原材料及产品的流动构成物流，采购付款到交付验收回款则构成资金流。质量要求依附于业务流，质量管理基于业务流，运营展开也基于业务流。这就是业务有效运转的逻辑，依赖于业务流、物流、资金流、数据流——四流合一，衔接顺畅。"[①]

将以往成功经验进行总结和固化，以便于其他团队能在不同的项目中做到方案的复刻，流程就会更加顺畅。

没有 IPD，A 产品的理念（经验教训等）就不能制度化地传递给 B 产品，这就是管理的系统缺失，如果企业把管理的系统缺失补上并改进，就会快速提升其管理能力，生产成本也会得到降低。

---

① 何绍茂. 华为战略财务讲义 [M]. 北京：中信出版社，2020.

　　高效的流程在企业中循环往复，不断发挥着它们的功效，使企业总体价值得到提升。企业中流程的常见功能如表 7-1 所示。

表 7-1　企业中流程的常见功能

功　能	举　例
降低成本	采购价格管理流程、生产成本管理流程等
减少损耗	采购计划管理流程、销售货款管理流程、招聘管理流程等
提升利润	销售订单管理流程、促销管理流程、市场推广流程等
提升品质	不合格产品管理流程、质量分析流程等
风险控制	供应商开发与评价流程、财务分析管理流程等

　　企业管理者要想建设高效的流程首先要了解流程，构成流程的 6 个核心要素分别是流程输入、流程供应商、流程过程、流程执行者、流程客户、流程输出（见表 7-2）。[①]

表 7-2　流程的构成要素（以招聘流程为例）

序　号	核心要素	说　明	示　例
1	流程输入	流程运作所需的基本要素	招聘计划、岗位编制
2	流程供应商	为流程提供物料、信息、数据等资源的一个或多个个体 / 部门	用人部门
3	流程过程	为满足流程客户需要所进行的必需活动的集合	发布招聘信息、笔试、面试
4	流程执行者	流程过程中具体活动的执行者	HR、用人部门、公司管理层
5	流程客户	流程输出的享有者	用人部门
6	流程输出	流程最终产出	合适的员工

　　企业管理者只有正确认知流程的核心，才能在企业中推行规范化的管理手段，用合理的流程实现价值的增值，同时避免流程设计不合理而导致无法满足业务需求所产生的价值流失。

---

① 王玉荣，葛新红 . 流程管理 [M]. 5 版 . 北京：北京大学出版社，2016.

7.1.2　流程广度：流程分类

为了更好地设计公司流程体系，我们需要了解企业中常见的流程类型，认知其分类性质及使用方法的差异性。企业对自身流程进行分类管理，可以使流程的管理工作更加有效。

【管理研究】常见的流程分类方法

流程的分类方法有很多种，常见的流程分类方法有以下几种：

①按客户分类，分为企业级客户、个人客户等；

②按业务风险分类，分为普通审批流程和审批绿色通道等；

③按不同的输入分类，分为电子订单处理流程和手工订单处理流程等；

④按重要度分类，分为采购 ABC 分类管理流程、设备采购流程等；

⑤按经营模式分类，分为定制产品管理与库存产品管理等；

⑥其他分类方式……

流程分类方法众多，企业需要结合自身的情况进行选取。如美国生产力与质量中心（APQC）发布了跨行业版/行业版的分类框架，为企业进行流程分类工作提供了模板（见图 7-1）。

运营流程					
1.0 构建愿景和战略	2.0 开发和管理产品服务	3.0 上市和销售产品服务	4.0 交付实物产品	5.0 交付服务	6.0 管理客户服务

管理和支撑服务
7.0 开发和管理人力资本
8.0 管理信息技术
9.0 管理财务资源
10.0 获取建造和管理资产
11.0 管理企业风险合规整治和韧性
12.0 管理外部关系
13.0 开发和管理业务能力

图 7-1　APQC 跨行业流程分类框架

流程分类也可参照标杆企业进行设计，采用合理的分类依据会较大程度地减轻管理者的负担，提升组织管理的效率。

华为将公司流程分为运营类、使能类、支撑类 3 类（见表 7-3）。其中，运营类流程是客户价值创造流程，端到端地定义创造客户价值所需的业务活动，并向其他流程提出协调需求，包括 5 个流程。

使能类流程响应运营类流程的需求，支撑运营类流程创造客户价值，包括 7 个流程。

支撑类流程是公司的一些基础性流程，保证公司高效和控制运作风险，包括 4 个流程。

表 7-3 华为流程分类 [①]

分 类	序 号	简 写	名 称
运营类	1.0	IPD	集成产品开发
	2.0	MTL	市场到线索
	3.0	LTC	线索到回款
	4.0	ITR	问题到解决
	16.0	Retail	产品零售管理
使能类	5.0	DSTE	战略制定到执行
	6.0	MCR	客户关系管理
	7.0	SD	服务交付
	8.0	SC	供应链管理
	9.0	Procurement	采购
	14.0	MPAR	企业伙伴 & 联盟关系管理
	15.0	MCI	资本运作管理
支撑类	10.0	MHR	人力资源管理
	11.0	MFIN	财务管理
	12.0	MBT&IT	业务变革 & 信息技术管理
	13.0	MBS	基础支持管理

① 何绍茂. 华为战略财务讲义 [M]. 北京：中信出版社，2020.

组织开展流程分类工作的根本目的是简化流程、提高效率，对流程进行标准化、精细化的分类后，可以提高其运作的规范化程度。若企业选择过于烦琐、复杂的分类方法则会搬石砸脚，自失灵活。

7.1.3 流程深度：流程分级

企业中的流程数量多如繁星，为了让流程管理工作更简化，对流程分类后我们要对其进行分级工作。企业的流程之间是相互关联的，它们可能是从属、并列、高低级的关系。

【管理研究】流程分级的要求

流程分级后的子流程是一系列具有紧密逻辑的、服务于总流程的目标。流程分级需要满足以下几个要求。

①整体性。一般流程可分为三级或四级，分级后的每个流程点要包括两项以上的活动过程，但流程分级不可过于细微，否则会失去整体性。

②独立性。分级后的各个流程不能重叠，要保持相对的独立，彼此活动中不能有过多的交叉，如果重叠性强，那么可以把两个流程合并。

③条理清晰。分级后的流程要确定客户、输入资源、产出、供给商，并且其产出要满足客户的需求。

流程的分级就是把流程从宏观到微观、从端到端地分解细化到具体操作的活动流程。流程分解步骤如图 7-2 所示。

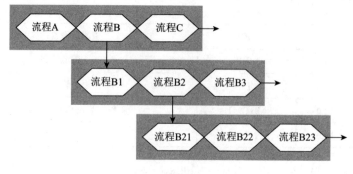

图 7-2　流程分解步骤

前面提及的 APQC 同样建立了流程分级五级标准，以供企业操作时参考（见表 7-4）。

表 7-4 APQC 流程分级标准

级 别	名 称	解 释	举 例
第一级	类别	企业流程最高级别	管理客户服务、管理信息技术
第二级	流程组	代表一组流程	执行售后维修、采购
第三级	流程	一系列将输入转化为输出的相互关联的活动	管理业务单元和职能风险
第四级	活动	执行流程的关键事项	接受客户咨询、解决客户投诉
第五级	任务	活动下一级，更为细致	设计奖惩方式、获得融资

企业管理实践中，流程分级往往根据组织业务发展情况与流程复杂程度设计流程分级方案，将流程分级工作进行到合适的程度。

华为流程的分级也极具参考价值，从第一层到最后一层，最终将流程细化成一个个执行性强的细小任务。华为流程分级（见图 7-3）从上到下分别为：Level 1（简称"L 1"，下同）——流程大类、Level 2——流程组、Level 3——流程、Level 4——子流程、Level 5——流程活动、Level 6——任务。

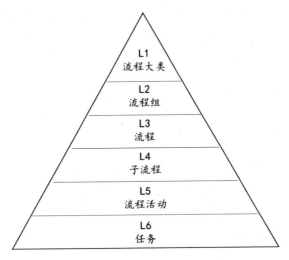

图 7-3 华为流程分级

其中，L1明确流程对于业务的价值；L2定义业务的最佳路径；L3和L4落实展开二级流程的方针政策和管控要求；L5与L6将流程落实到人，使之可执行。在华为，流程的末端可以灵活变化。其中，L3以上的流程是公司统一的；各地区部可以在公司批准的情况下，在L4流程上做本地业务的适配；各代表处能在L5、L6上做业务的适配。

以财经流程架构为例，其内部就包含12个L2流程，68个L3流程，以及其他等级的流程共95个，覆盖了目前所有的财经业务，并从2011年发布2.0版本后沿用至今。

总体来说，流程管理工作是为了提升企业的运营效率，企业管理者切不可一味地贪大贪全，流程的分类分级也没有所谓适应所有企业的方法工具。分类分级工作不能邯郸学步，我们一定要对企业流程进行全面的梳理和分析，合理进行规划。

7.2　战略导向的流程体系设计

组织战略明确了企业未来的目标与实现目标的路径，一旦缺少了组织战略的指引，企业流程设计就将陷入迷茫。流程有3种（无效流程、低效流程和高效流程）：无效流程忽视战略，低效流程偏离战略，而高效流程则是紧紧围绕着战略的。

7.2.1　澄清战略目标，明确战略方向

全球性管理咨询公司——合益咨询公司曾对服务的客户数据库进行了分析，发现超过3/4的企业其战略共识度不足，需要做进一步的战略澄清。

【管理研究】战略澄清的定义

澄清企业的战略，就是要通过充分的内外部调研，在与企业高层和部分中

层进行适当的沟通后，厘清思路，提高组织对战略的认识，为其他管理工作的开展提供导向和输入。

为什么战略共识度低？为什么需要战略澄清？许多企业搞不清楚这一问题。

战略的制定是由创始人及其管理团队在小范围内讨论决定的，战略发展部仅发挥建议权，甚至很多企业相关的职能建设不完善；而战略的落地执行要依靠企业内部各层级的广大员工奋力工作，他们对于战略不理解、不认同，仅把组织战略当作书上的字、墙上的画，那么企业高层的意图与一线员工的行动就势必南辕北辙了。

战略澄清最有效的做法就是召开战略澄清研讨会，在会上组织管理层及相关成员就关键问题展开充分的讨论，并由外部咨询顾问担任主持人，引导会议促成与会人员达成共识（见表 7-5）。

表 7-5　战略澄清研讨会讨论的关键问题

关 注 焦 点	说　　明
企业愿景	对未来整体业务发展的设想和蓝图
战略目标	3～5 年后的业务特征和关键指标体系，如收入、人均收益等
发展路径	不同阶段的战略重点是什么 主要发展思路是什么 阶段性里程碑是什么
宏观分析	产业格局变化会给企业带来哪些影响，机遇和挑战分别是什么 行业整体趋势如何，外部环境有什么影响，产业链特征及变化趋势如何 新技术的发展趋势是什么，有什么变化 企业的发展空间如何
客户分析	可以通过哪些细分标准对客户进行分类 客户的需求偏好和痛点分别是什么，客户购买的关键因素是什么
竞争分析	主要竞争对手的战略、价值主张、主要竞争策略和手段是怎样的 目前市场的竞争格局如何，与竞争对手相比各自的优劣势是什么 竞争对手有哪些经验值得我们借鉴

　　研讨会最主要的内容就是讲清楚战略是怎么制定的，这就需要企业的 CEO 或战略管理人员将战略的规划思路清晰地讲述给与会人员，让所有人能够对此产生认同，这就还需要会前进行多次沟通，并用大量的研究数据和案例做支撑，避免大家在会议讨论过程中产生争执。

　　当大家理解了战略的制定后，未来目标、发展路径、现状分析等内容就可以依次进行讨论了，战略澄清研讨会内容之多非一次所能达成，需要多次反复地进行讨论、达成共识、再讨论、再达成共识的循环，其间还需要私下进行一对一和一对多的观点交流。为了建立战略导向的流程体系，在第一步打地基上下功夫是很有必要的。

　　经过多次的战略澄清研讨，当企业成员已对组织的战略方向达成高度的共识后，战略也从一开始的企业高层的少数之思进而形成全体成员的共同之智，使得组织战略既具有方向的正确性，又具有方向的共识度，这才是高效战略（见图 7-4），其推动着企业快速运行。

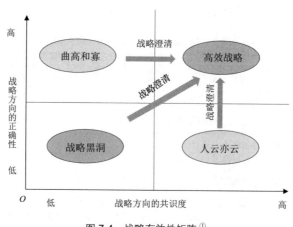

图 7-4　战略有效性矩阵 [①]

7.2.2　分析战略的关键成功因素，确定核心流程

　　在澄清战略目标、取得战略共识、明确战略方向后，下一步需要进行的就是分析战略的关键成功因素和对企业核心流程的确定。

---

① 王铖著 . 战略三环：规划、解码、执行 [M]. 北京：机械工业出版社，2020.

【管理研究】关键成功因素的定义

关键成功因素（Critical Success Factors，CSF）就是为达成企业愿景和战略目标而需要组织重点管理的，以确保企业能够建立差异化竞争优势的核心要素。

关键成功因素揭示了产业特性与企业战略之间的关系，对应着市场环境中的一些要求条件，企业如果能够适当且持续的维持和管理，就能对其在特定产业中竞争成功产生显著的影响。

关键成功因素的准确提炼能极大地提升战略目标的执行程度。在企业实践中，关键成功因素的分析也是采用研讨会的形式，召集管理层和相关核心人员参与，对已形成共识的战略方向用简短的句子进行战略描述，进而清晰解码战略，明确能够达成战略方向的商业目的核心成功因素，也就是关键成功因素（见图 7-5）。

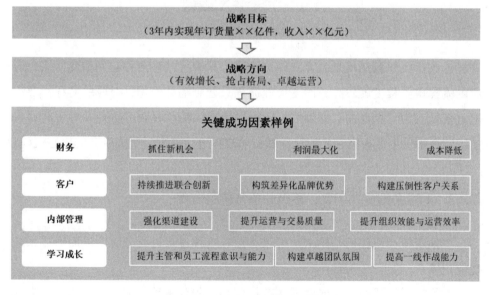

图 7-5 关键成功因素形成逻辑图

企业一般使用平衡计分法，从财务、客户、内部管理和学习成长 4 个层面确定企业的战略主题，再基于战略主题识别并提炼出关键成功因素。选择从财务、客户、内部管理和学习成长 4 个层面来提炼，可以保障关键成功因素的平衡性。如果关键成功因素之间存在不平衡，或者缺乏因果关系，那么需要重新审视关键成功因素。

什么是企业应当格外关注的流程呢？利润高的活动？成本投入多的活动？人员参与多的活动？与主业务相关的活动？其实，对于企业核心流程可以借助图 7-6 所示的核心流程增值 / 类型矩阵图来进行确定。

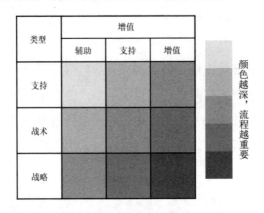

图 7-6   核心流程增值 / 类型矩阵图

企业存在的意义就是为客户创造价值，其中战略性流程起到增值作用，对应的流程重要程度就较高；而支持性流程只起到辅助作用，对应的流程重要程度就较低。为了企业的长期发展，还可以考虑该流程是否会被竞争对手轻易模仿，能否帮助企业占据领先地位，综合对流程进行考虑后明确企业的核心流程。

7.2.3   对准关键成功因素，逐级分解各核心流程

在确定核心流程的基础上，可以对核心流程逐级进行分解，进而形成系统地流程体系，如图 7-7 所示。

流程体系以战略为导向就需要在将核心流程分解后，把关键成功因素融入进去，成为某一层级流程或流程的细分子流程，表 7-6 为某公司围绕关键成功因素设计的开展销售活动的流程。

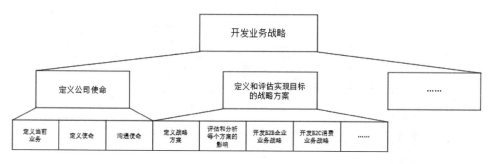

图 7-7　核心流程分解图

表 7-6　根据关键成功因素进行核心流程的分解与设计（示例）

关键成功因素	子　流　程		
①减少客户损失赔偿时间	①销售团队管理	→	②识别特定客户需求
②有组织地进行销售			↓
③提高方案被采纳成功率	④销售与服务水平协议谈判	←	③设计客户解决方案
④销售人员劳动生产率	↓		
⑤销售成本控制	⑤建立客户关系	→	⑥信用度计算
⑥新产品市场渗透率			↓
……	……	←	⑦管理客户风险

　　有的企业组织结构复杂，分、子公司众多，业务类型多样，客户群体多元化，战略目标及关键成功因素的选取就应当分别进行，以确保核心流程分解的有效性。如图 7-8 所示，某运营商集团就为上市 A 公司单独设立战略目标并形成关键成功因素，指导其核心流程的建设。

　　做对的事情而不是把事情做对，如果企业的核心流程偏离其战略目标，何谈长期发展？因此必须先对准企业的关键成功因素，逐级分解各个核心流程，然后进行流程设计，构建基于战略目标的流程管理体系，打造强大的组织能力。

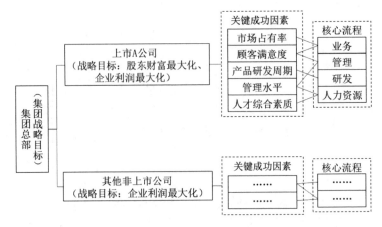

图 7-8　某运营商集团为上市 A 公司单独设立战略目标

7.3　实现端到端流程的贯通

提升企业价值创造的能力就是实现端到端流程。端到端流程是指以客户为中心、以生产为底线的一系列管理体系，即摆脱企业对个人的依赖，让企业所要做的事情，从输入到输出，直接端到端，有效衔接，简洁可控，并尽可能降低沟通层级，从而最大限度地降低运营成本，最大限度地提高企业效率。

7.3.1　构建端到端流程的体系框架

关于端到端流程，通用电气认为："商业本质上是相关联的端到端流程组成的"；西门子认为："端到端的流程是股东价值的源泉"；IBM 认为："商业就是信息驱动的端到端流程管理"；华为也充分肯定了端到端流程对于企业内部高效流程化变革的意义。

任正非在某次发言中强调华为要构筑端到端流程：端到端流程是指从客户需求端出发，到满足客户需求端去，提供端到端服务，端到端的输入端是市场，输出端也是市场。这个端到端必须非常快捷，非常有效，中间没有水库，没有三峡，流程很顺畅。如果达到这么快速的服务，降低了人工成本，降低了财务成本，降低了管理成本，也就降低了运作成本。其实，端到端的改革就是对内部进行最简单的、最科学的管理体系的改革，形成一支最精简的队伍。

华为是一个包括核心制造在内的高技术企业，公司的主要业务还包括研发、销售。这些领域的组织结构，只能依靠客户需求拉动，实行全流程贯通，提供端到端的服务，即从客户端再到客户端。

企业端到端流程是以相关利益者需求为输入，以所有相关利益者满意为输出的流程，流程相关方共同实现目标和产出，才能实现整体最优。因此，端到端流程的本质是站在全局的视角，提供战略导向的系统管理，追求企业的整体最优，而非局限在各职能部门、各分支环节利益最优的思维中。图 7-9 所示为某企业战略导向的整体流程框架。

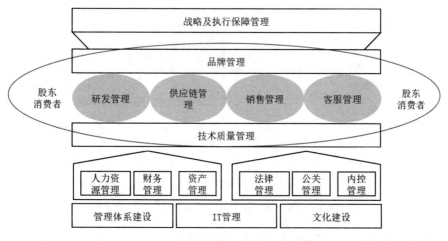

图 7-9　企业整体流程框架（示例）①

如果仅将"以客户为中心"挂在嘴上成为一句空话，华为的马电事件就是前车之鉴。马电事件从系统来看，是公司端到端解决方案的组织和流程缺失所造成的；而根本上是企业员工客户服务意识淡薄，仅将精力放在项目销售上，忽视对于满足客户需求的交付，对于无法满足的客户需求，竟让一线员工去引导客户更改需求。对此，华为开展了彻底的讨论反思行动，马电事件给管理层

①　王玉荣，葛新红 . 流程管理 [M]. 5 版 . 北京：北京大学出版社，2016.

敲响了警钟。

思想通了，一通百通。无论企业的组织结构、服务流程怎样完善，终极目的都是为客户服务，只有沿着客户价值链，打通端到端的流程，才能更好、更快地响应客户需求，为客户提供有针对性的服务。

7.3.2　横向看，实现从输入到输出的全面贯通

端到端流程是企业流程的大动脉，从全局的角度来组织内部流程的大流转，注重的是系统性和整体性。端到端流程横向的全面贯通依赖于各个环节都能够实现良好的产出，衔接顺利、不存在重复环节，图 7-10 阐述了端到端流程的运作过程。

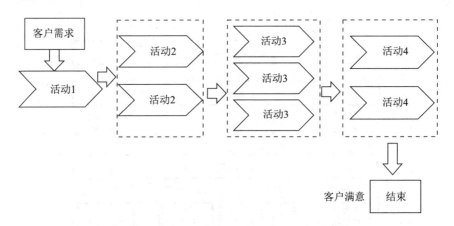

图 7-10　端到端流程的运作过程

如果流程在设计和执行的过程中出现了影响其环节紧密衔接的问题，端到端流程的运营效率就将受到严重的打击。

【管理研究】端到端流程环节紧密衔接时常见的问题

①存在多余环节：例如，某企业的财务部门，总稽核与会计科主管由同一人担任，但对于一些单据的审核，会计科完成后，再经预算科审核，最后还要由总稽核进行稽核；

②存在环节跳跃：这类问题较为常见，指在两个环节之间缺失一个必要的步骤。例如，培训流程缺乏评估环节、设备采购缺乏试运行环节等；

③关键控制点缺失：对于重要事项的控制环节缺失。例如，计量仪器的购买缺乏质量部门的审核环节、劳保用品的发放缺乏超标审核环节等；

④缺乏必要的信息反馈：一些需要进行信息反馈的工作缺乏信息反馈环节；

⑤环节顺序不合理：例如，某企业的年度经营计划制订流程中，各分 / 子公司先向总部计划管理部门上报了计划初稿，再与设备管理、安全管理等部门协商进行调整；

⑥各个环节之间的等待时间过长：流程中单个环节的效率尚可，但各个环节之间的耗时过长，从而影响了流程的整体效率；

⑦串行审批过多：对于可以并行审批或事中、事后控制的环节，却设计成事前的串行审批，导致流程运行缓慢；

⑧执行错位：指某项工作由与其无关的部门承担。例如，某企业检修车间在上报需求计划时，还需要上报库存计划，而库存计划是由仓储部门负责的工作。

若要实现企业流程各个环节之间的紧密衔接，则必须解决以上存在的诸多问题，管理者具体可采用取消、填补、重排、整合、监督等方法。

（1）取消

清除企业现有流程内多余的、无效的环节。管理者可以对流程的每个环节进行提问式思考，如"为什么这个环节要存在""它的存在直接或间接地产生了怎样的结果""是否可以清除它"，通过对这一系列问题进行分析与思考可以判断这些环节是否多余。

（2）填补

在进行流程管理时，我们不但要做"减法"，有时还必须做"加法"。例如，可以在两个没有关联或无法衔接的环节之间，增设一个必要的步骤以解决环节的跳跃问题。另外，对缺乏关键控制环节的重要事项也要进行填补，以便管理者能够很好地掌控流程中各个环节的运行情况。

（3）重排

重排主要针对的是企业流程环节的顺序和主体问题。流程中的环节存在先执行与后执行的区别，有时候执行的顺序会影响到整个流程的效率。所以，管理者应该充分考虑各个环节的特点与重要程度，适当地对其做出调整，如一些串行环节如果运作效果不佳，可以考虑变为并行环节。

另外，流程中各个环节的执行主体必须是正确的，一项工作必须由特定的部门负责完成，如果出现混乱，就必须对各个环节进行重排。

（4）整合

企业在进行流程管理时，对于流程中那些性质或程序类似的、所用到的资源基本相同的环节，可以进行合并，以减少不必要的资源和时间浪费。而且，对那些需要多次审批的环节，可以进行审核权限的下放。

（5）监督

要实现企业流程各个环节之间的紧密衔接，建立完善的监督机制非常重要。只有对整个流程环节进行全面的监测，并将有关信息及时反馈到领导层，管理者才能及时地发现并解决问题。

对流程节点进行问题分析，发现现有流程的改善方向，科学地设置流程环节及环节之间的等待时间，提升流程效率，实现全面贯通。

7.3.3　纵向看，实现各业务流程的有机集成

任正非曾经在 2012 年的流程与 IT 战略会议上强调："华为留给公司的财富只有两样：一是管理架构、流程与 IT 支撑的管理体系，二是对人的管理和激励机制。"流程管理体系一旦建立起来就不会随着优秀人才的离开而停止运转，我们通过不断优化、完善这套流程管理体系，业务流程汇集的平台就会持续发挥作用，进而实现企业管理的进步和发展。

华为原高级副总裁费敏曾在华为大学高级管理研讨班上指出，一个公司就需要 3 件大事：第一件事是把产品开发出来，产品从有概念开始，到面市；第二件事是把产品变现，要有客户买，形成订单，发货、安装、验收、回款；第

三件事是解决并关闭客户问题（某代表处的问题解决了叫"解决"，全球此类问题都根治了才叫"关闭"）。

这 3 件大事也对应了以客户需求为主线的三大主要业务流。为此，华为也基于这三大业务流建立了三大从客户端到客户端的流程：IPD、LTC、ITR（见图 7-11）。

图 7-11　华为三大流程：IPD、LTC、ITR

以 IPD、LTC、ITR 这三大流程为主线，华为进行了一系列的管理变革，建立了包含运营类、使能类、支撑类 3 类端到端流程体系，实现了流程的贯通。

这些流程需要在不同的业务阶段进行业务集成，来满足"以客户为中心"的企业追求。例如华为的交付能力，即按合同履约符合度（产品规格匹配），在很长一段时间内是很薄弱的，导致某些合同未能达成客户预期的交付条件，公司为此减少了很多市场利润，还使客户利益受到了损害。

2010 年，华为与马来西亚电信公司（以下简称"马电"）合作，赢得了马电华为人深感自豪，然而接下来的项目进行中却问题重重，公司遭到马电客户方的质疑。最终，马电 CEO 对华为的一封投诉邮件递到了时任华为董事长孙亚芳的面前，因为华为做 IPTV（交互式网络电视）项目交付时 NGN（下一代网络）和 BRAS（宽带接入服务器）割接失败，OPM（光性能检测模块）功能板错发，即使华为多位领导包括销售与服务总裁、亚太片区总裁、马来西亚代表处等亲自到场督促，问题也没有得到解决。

"马电事件"后，华为要求各部门自上而下进行深刻的反省，一位负责人讲道："我们还是采用传统的单模块各自交付模式，没有意识到其复杂性及面临的挑战。在思路上就没有足够重视，在组织上没有保证，同时我司能力上也有很大差距。我们没有意识到，这是一个端到端的面向未来的 IP 宽带综合网络。在行业没有任何可借鉴的成功经验，我们已经站在了最前沿，一旦解决意味着我司宽带 IP 网络的全面领先。"

对此，任正非说："我们曾经引以为豪的方法、流程、工具、组织架构在市场的新需求下变得如此苍白无力。未来的竞争中，我们还能帮助客户实现其价值吗？能真正成就客户吗？"为了提升市场应变能力，思考问题时不应只考虑自己的体系、部门，应该更多地从推动问题解决的角度出发，特别是要关注端到端的问题。流程信息流交互与流程集成，如图 7-12 所示。

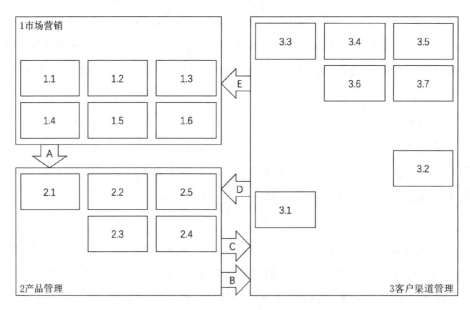

图 7-12　流程信息流交互与流程集成

流程之间通过信息流交互，实现整体的闭环流程，通过流程集成的方式，多个部门协同解决复杂问题（见表 7-7）。实现全业务流的流程化，真正做到了从客户中来、到客户中去，使组织更加灵活地应对客户需求，以便更好地为客户创造价值。

表 7-7　流程之间的信息流交互

信息流	举 例 说 明
A	客户战略、必要的业务 / 市场分析报告和市场营销、销售和客户服务的整体策略
B	产品的详细说明、最新的产品设计和与产品相关的业务能力需求
C	媒体宣传广告和主打产品推出计划
D	渠道表现信息和更新后的产品计划
E	最新的客户资料和客户未来行为预测

7.4　按流程来确定责权利

　　企业的流程管理工作要想得到有效的落实，除了流程设计与核心流程，还必须将对应的责权利分配好，使得流程团队能够保持充足的动力。流程管理工作中重要的一环就是准确地任命流程责任人，将流程管理的职责真正落实到位。

7.4.1　落实流程责任人及职责

　　流程是水平的，职能是垂直的。当流程分成许多个不同的碎片后，需要职能部门负责人对各自的流程负责。然而，在这样的情况下，各个部门的岗位负责人只对各自的"碎片"负责，没有对完整的流程质量负责，这对于跨部门流程而言，很容易出现流程节点各自为政的现象，使整体产出得不到保障。因此，流程责任人的主要功能就是实现从流程的开始到结束的全局负责。

　　如图 7-13 所示，从中我们可以看出流程责任人需要对全局流程结果负责，在流程管理特别是跨部门的流程管理中起着非常重要的作用。

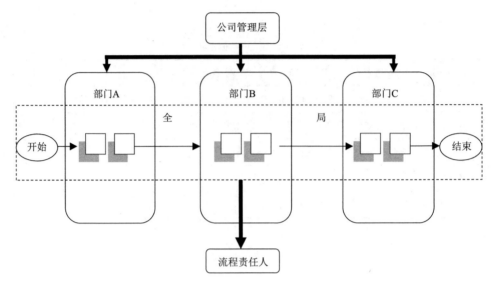

图 7-13 流程责任人的重要性效果图

【管理研究】流程责任人的职责

由于流程责任人是对流程整体绩效负责的个人或团队，因此，流程负责人需要履行以下几项职责：

①负责流程设计工作，保证流程的方法正确。具体工作表现为对新流程的建设工作与旧流程的梳理工作；

②负责对已确定流程的推行工作，确保流程能够执行到位。在此过程中，流程责任人应该做好流程的宣传、对执行者的培训教育及流程执行过程总的检查与纠正工作；

③负责对流程的绩效评估与考核工作。具体表现为流程的绩效评估、分析，并且针对结果要及时采取纠正措施；

④负责处理好跨部门之间的冲突，并做好资源协调工作，保证流程执行工作得到顺利的开展；

⑤负责推动对现有流程的检查与优化，提升流程的高效性。

流程责任人不仅仅应该承担一定的职责，还要被授予配套的权力，以便于灵活调配资源及寻求他人配合。总体来说，流程责任人的权限应该包括以下几点（见图 7-14）。

图 7-14 流程责任人的权限

流程责任人在推进流程管理工作时，也要逐渐通过流程执行和检查来实现流程参与者积极主动地推进流程工作。流程责任人要准确识别在具体的流程检查工作中如何设置检查点，使之与流程检查带来的结果相匹配。图 7-15 阐述了流程检查分析图。

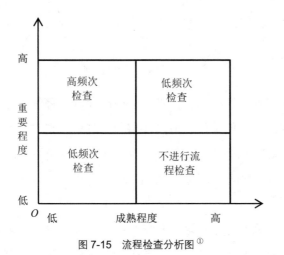

图 7-15 流程检查分析图[1]

由图 7-15 可知，流程责任人要根据各个环节分支流程的成熟程度和重要程

---

① 陈立云，金国华. 跟我们做流程管理 [M]. 北京：北京大学出版社，2010.

度来设置流程检查点并决定检查的频率。当细分流程属于关键的控制节点且流程运作的成熟度低的环节时，此类环节问题频发，流程责任人要在这样的环节多设置检查点。

7.4.2　让责任主体与流程对接

流程往往体现的是组织同层级（或跨层级）部门间的横向沟通与协同，流程可以再进行细分，如图 7-16 所示："目的"是整个流程的方向，也是流程运行的最终成果；"环节"是将流程细分后按逻辑顺序排序；"责任主体"是承担这一环节主要任务、对这一环节负责的组织单元（职位、团队、部门等）；"时间规定"是主体完成这一环节的时间要求，保证流程的快速通过；"操作要求"是在本环节可以使用到的方法和工具；"任务"则是对环节工作提炼的关键价值活动。

环节	环节A	环节B	环节C	环节D	环节E	
责任主体	主体a	主体b	主体c	主体d	主体e	
时间规定	××-××	××-××	××-××	××-××	××-××	目
操作要求	方法/工具	方法/工具	方法/工具	方法/工具	方法/工具	的
任务	1. 2. 3.	1. 2. 3.	1. 2. 3.	1. 2. 3.	1. 2. 3.	

图 7-16　某流程的横向协调[①]

我们在进行流程设计时，往往是对复杂的流程（环节）进行细分，以确保责任主体可以承担与胜任工作，但当环节分得越多，走完整个环节所需要的时间就越长，此时就需要对部分环节进行合并，环节的合并往往发生在任务少、主体相关联（在同一部门等）的环节之间。

笔者在为某公司进行组织诊断与流程咨询服务的过程中就发现其内部存在流程划分过细、责任主体过多导致流程运行效率低的问题。例如，某业务部员工需要报销差旅费，开始在公司内部走流程，从业务部员工、业务部经理到业

[①]　施炜. 管理架构师：如何构建企业管理体系 [M]. 北京：中国人民大学出版社，2019.

务部部长，再到综合管理部部长、财务部部长……一个简单的报销，就需要找数个审核节点上的负责人签字，严重影响工作进度、打击员工积极性。

在咨询服务过程中，笔者就对其流程进行了简化（见图 7-17），将在同一业务部门内的员工、经理、部长合并为一个责任主体，减少了不必要的环节，缩短了因沟通所损耗的时间，提升了流程速率。

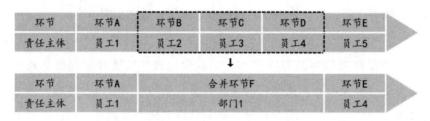

图 7-17 责任主体合并与流程简化

不同的流程会涉及不同的部门，相关人员也可能来自多个部门，他们为了统一的目标集结起来，每个责任主体在流程责任人的统帅下，快速完成各自所负责环节的任务，共同支撑企业发展目标的实现。这有利于解决业务流程中横向沟通的难题，促使责任主体能与流程快速对接，提升组织流程整体的灵活性。

7.4.3 自上而下授权，提升流程效率

传统的组织中的权力通常集中在公司高层即 CEO 及管理团队人员的手中，权力的授予就要自上而下，层层进行分解。权力过于集中往往会造成企业成败皆系于一人，造成组织结构臃肿、办事效率低、业务成本高等严重问题。为保障流程的执行效率就要求企业实现垂直领导与横向协调的结合，整个组织架构实现以客户为中心，关注客户与市场的需求。

华为轮值董事长徐直军对流程的授权做出了这样的解释：流程的授权可以分为两个维度，一个是基于经营组织的划分进行主业务流的授权，另外一个是基于专业领域的划分对各职能组织进行授权。即华为自上而下地将权力分为管

理权和指挥权，管理权授予组织的职能部门，指挥权授予流程的管理部门，两者交融并进，构成了华为整体向前、内部畅通的矩阵组织。

流程型组织专家习风将华为称为双向权力系统机制，它将指挥权从管理权中独立出来交给流程管理体系，这可以驱动整个企业按流程办事，既保证了业务流程的畅通无阻，又让管理权对指挥权形成了良性的监督。

流程型组织架构如图 7-18 所示，顶层管理团队对流程管理团队授予指挥权，能更好地协调来自不同部门的团队成员，集结组织资源打造客户满意的产品与服务，冲破部门间的层层屏障，避免部门之间事事拖延、推诿，让业务流程的整体效率和效益得到保障；对职能部门授予管理权，实现分段流程运作，让各职能部门承担起相应的职责，避免层层审批、反复审批，让业务流程在自己的职能部门实现快速流通的目的。

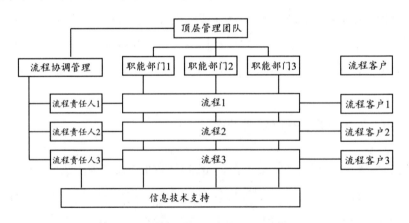

图 7-18 流程型组织架构

组织自上而下进行授权，确保业务流程的高效运作，强化组织执行力。然而，当企业的业务流程逐渐复杂且涉及更多的职能部门时，流程支撑体系的建设与完善工作就迫在眉睫。

7.5 构建流程支撑体系

流程管理最终的目标是帮助企业实现制度化、表单化、模板化、规范化的管理，这就要求企业能够构建流程运作的支撑体系，疏通各层级、各部门间的沟通障碍，提供充分的资源、技术、人才支撑，还为流程的规划和设计提供长期以来的优秀经验。

7.5.1 做好流程配套体系设计

任正非认为，要对企业进行规范化的管理。什么叫作规范化？就是要将组织中所有的标准工作借助前人几十年摸索到的经验做成模板，工作就按照这个模板来。新入职的员工也能通过学习模板，快速投入流程的生产和管理工作中。

（1）流程配套的制度文件

企业的制度文件架构是流程配套体系的重要组成部分，在流程管理过程中，一份完善的流程制度文件既为流程的梳理提供主干线索，又为流程的落实提供岗位上的工作标准。

表 7-8 阐述了企业流程制度文件质量的高低所体现的效果差异，而制度文件的质量直接受到制度文件编写的工作人员对流程的理解程度和经验的影响。通过不断对各层级流程操作制度化、文本化，逐渐形成从末端操作规范到各层级流程分解，再到主干流程规划原则的一整套文本化的流程管理制度体系。图 7-19 阐述了流程制度文件的整体架构。

表 7-8 高质量和低质量流程文件的效果对比 [①]

高质量流程文件	低质量流程文件
岗位工作根据流程管理制度、文件指导具体工作，对人员的依赖程度低	岗位对人员的依赖程度高，人员的流失会使业务流程产生较大的波动

---

① 陈立云，金国华. 跟我们做流程管理 [M]. 北京：北京大学出版社，2010.

续表

高质量流程文件	低质量流程文件
能够让新员工深刻理解业务主干流程，迅速掌握岗位所需知识和具体的操作要求，并实现独立操作	仅能够掌握表面知识，对于岗位上的异常事件处理、活动管理原则等只能求助其他岗位，尚未内化为自己的知识
能够将好的工作经验提炼、固化和传播，帮助新员工迅速成长	隐性知识和经验尚未固化成流程文本和制度，随着人才的流失，经验也会消失，新员工一切要重新再来
流程工作能够形成表单等方便阅读理解的文本形式，流程工作效率高，质量有保障	尚未形成统一的工作方法，流程工作人员依然采用自己的方式，整体效率低下，质量无法保障

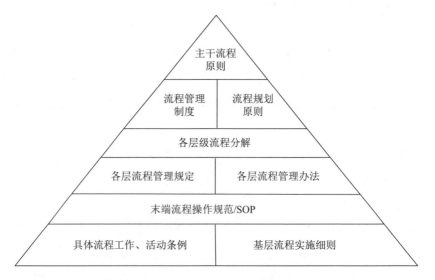

图 7-19　流程制度文件的整体架构

　　通常主干流程的流程制度相对末端流程文本更为简洁，逻辑更为清晰，提高了流通速度。而末端流程涉及具体的工作规范和活动操作，文件描述细化易懂，真正起到了指导作用。因此，在流程制度化、文本化的过程中要根据业务流程所处层级进行设计，实现流程文件与实际运作相统一。

　　（2）流程配套的管理权限

　　要想让企业流程真正发挥作用，还必须构建对事实负责的流程责任制，对流程责任人赋权，让流程中的各个环节畅通起来，激发组织活力，提高组织执行效率（见表 7-9）。

表 7-9　企业流程权限设计评价表

原　　则		说　　明	评　分	备　注
适当授权	大小适宜	如果授权过小，往往无法实现激发员工尽职尽责的目标；如果授权过大，又会导致大权旁落，出现难以收拾的局面		
	契合能力	被授权者所授的工作量不可超过其能力、精力、体力所能承受的限度，以免被授权者因工作量过大而顾此失彼，无所适从，继而影响了整个组织的战斗力		
	依据性质	任务重、工作专业性强，应该多采取授权措施		
授权可控	握有主动	管理者能够灵活掌握授权的范围、时间等		
	收放自如	授权后管理者能够根据实际需要来随时调整授权		
带责授权		管理者明确地将权与责同时授予员工，促使员工自主完成工作任务，在一定程度上规避了员工不愿意承担责任的问题		
动态考量		针对环境条件、目标责任及时间的差异，管理者授予员工不同的权力		

国内管理学专家陈春花教授指出：组织如何解决资源向承担绩效的人倾斜、向顾客倾斜？这是今天企业应对市场快速变化的核心；而这样一个内部价值网络并不容易建立，因为内部价值网络建立的核心就是要对权力进行重新分配。

流程管理需要对流程配套的管理权限设计予以明确，目的是让每一个参与者都能顺利地完成自己分内的工作，做到全心全意、尽职尽责。

7.5.2　以流程为导向的信息化建设

围绕企业的核心流程进行信息化建设，将企业流程管理和高效信息技术紧密结合，这已成为企业未来流程建设的重点。任正非就曾在某次讲话中点出，华为沿着客户价值创造链梳理，打通端到端的流程；将这些经过检验并稳定运行的流程固化到企业信息化系统中，使这些流程管理信息化，再将它们固定到数据库中，实现从客户端到客户端最简洁、有效的连通，摆脱了对人员的依赖。

如今，华为经过多年的努力，已建成面向全球的信息共享系统，支撑起华为的全球化战略。该系统的建成使得华为 90% 以上的业务都能够在信息化系统中完成。然而信息化系统的建设不是一帆风顺的，其阻力来自内部。这是由于信息化系统的建立降低了信息不对称带来的决策失误，信息的畅通使得管理者的决策权力也会随之减少。同时，华为还裁掉了近 2000 多个中层干部岗位，使得很多管理者在变革完成后就没有岗位了。

华为将企业所有管理成熟的流程制度根植于数据库、信息化系统里面，实现了信息化管理，使任何行政业务处理都能够通过企业信息化系统来完成。

以流程为导向的信息化建设，就要求流程管理者要在分析企业运作流程的基础上，结合不同企业的业务特点及对信息化的基本要求，开展信息化的规划、系统建设及系统维护等工作，实现信息技术对流程管理的有效支撑。以流程为导向的信息化建设内容框架图，如图 7-20 所示。

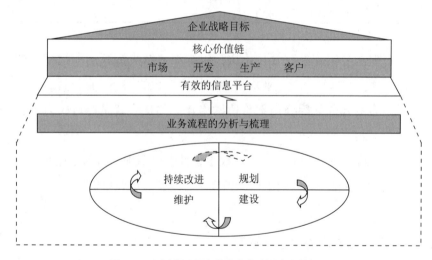

图 7-20　以流程为导向的信息化建设内容框架图

（1）事先规划

规划是信息化建设全过程的先期任务。在规划阶段，管理者必须从业务模式入手，对即将着手的信息化建设予以整体规划，梳理出需要运用信息化手段支持的具体业务流程。同时，结合企业当前的流程现状，描绘出信息化建设的宏伟蓝图。另外，管理者还应对信息化建设子项目予以分解，为后续工作制订具体的计划，并结合子项目建设的需要，探讨适合企业管理要求和特点的信息化管理架构，以确保信息化建设期间的有序管理。

如果企业已经建成部分信息系统，那么为了保证资源的有效利用，管理者应考虑如何让建设中的信息管理系统与已有信息管理系统之间实现有机整合，确定内部的数据资源及数据流图，保证管理者通过整合后的信息系统可以及时获得所有的相关数据。

（2）落实信息化管理系统

逐一落实信息化管理系统的所有细节是信息化建设的关键阶段。基于前期信息化建设的规划，企业应根据实际需求来引进最适合自己的信息化管理系统。在此阶段，企业主要有两个方面的工作需要完成：一方面是选择合适的信息管理系统，即在明确具体建设内容的基础上，进一步明确相关的系统需求，给出相关信息管理系统的选择指标；另一方面是对信息化建设的过程加以监控，即保证系统建设的有序进行和对业务流程的有效支撑，实施贯穿信息化建设全程的实时监控。

（3）关注信息化系统的运作状态

在信息化系统基础建设完毕后，企业必须开始关注信息化的运作情况，保证已建系统的有效运行。在此阶段，与该系统相关的所有人员必须完成两项工作任务：一是对信息系统的运营维护，即从系统运作有效性的角度出发，保证系统能够持续稳定地支撑业务开展，并对系统运作过程中发现的问题及时予以调整；二是信息系统的验收评估，即在系统建设完成，并有效运作一段时间之后，进一步对信息系统建设情况予以评估，确认系统与业务流程的匹配度如何，继而提出高可行性的改进意见。

（4）信息化建设的持续改进

整个信息化建设的过程不是一蹴而就的，为保证当前的 IT 技术可以对业务流程提供持续而有效的支撑，管理者必须对信息化建设进行持续跟踪。一旦发现问题，要及时予以调整，保证信息化建设在事先规划好的方向上不断前进。

7.5.3   建立高效的流程管理团队

在企业实践中，流程管理团队是影响流程管理最终能否落地得到执行的关键因素，但国内大多数企业还未设立专门的流程管理部门，它们将流程管理工作划分到诸如信息管理部、战略规划部、行政部、内部控制部等部门，普遍存在的问题是将流程管理划分到信息管理部属下。流程管理工作的开展没有形成一套程序，也没有形成推动流程建设的综合型组织，然而流程管理工作如果仅仅依靠所属职能部门开展难以实现流程的最大价值，为此国内流程管理专家陈立云、金国华提出了一种已投入企业实践的流程管理团队运作模式——项目经理制，如图 7-21 所示。

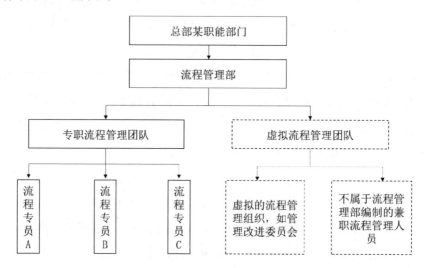

图 7-21   流程管理部在组织架构中的位置

项目经理制因流程管理工作的模块不同、服务的部门不同和端到端的流程不同而将其分配给了不同的流程专员。项目经理负责团队的发展，专职流程团队的这些流程管理专员负责不同的领域（如流程规划、流程梳理等），确保流程管理工作的创新性、专业性；虚拟流程管理团队则是为弥补专职流程团队的局限性而设立的，通常有专门为流程管理工作设立的虚拟团队（如管理改进委员会）、专门为流程管理项目成立的临时性虚拟团队、各部门为解决内部需要自发成立的虚拟团队、隶属于各个业务部门长期兼职从事流程管理工作的人员等，这些虚拟团队对于某个具体项目而言是临时存在的，对于整个流程管理而言又是长期存在的一个团队，所以在图中以虚线表示。

我们在确定了流程管理团队的运行模式后，就应该明确岗位职责与能力要求，为团队成员的选拔、考核提供参考依据（见表 7-10）。

表 7-10　流程管理团队的岗位职责与能力要求

	项 目 经 理	团 队 成 员
岗位职责	①选择流程优化小组的成员，为该流程小组成员提供流程优化过程所必需的其他帮助； ②制订流程的整体计划，安排团队成员的分工； ③负责分析流程运行的现状，并设立改进目标； ④负责某个流程上下环节的沟通，以及某个流程与其他流程的沟通和协调； ⑤负责流程管理制度和规范的制定； ⑥负责流程优化相关培训教材的制定，并向各个体系提供流程优化工具和方法的支持	①了解流程客户的需求； ②积极参与流程改进的讨论，提出各种想法和方案； ③负责实施流程的具体操作； ④协调好上下游连接部门或成员之间的工作
能力要求	①具备充足的、关于流程运行操作的知识； ②了解公司相关部门的工作流程； ③具有丰富的流程管理经验和一定的理论基础； ④具有良好的亲和力与沟通能力； ⑤具有较强的项目管理能力	①善于和流程客户进行沟通； ②了解流程现状及其绩效； ③对流程管理理论和方法都比较熟悉； ④思维活跃，勇于表达自己的观点

华为尤其强调流程管理队伍的建设，对于"哪些员工可以胜任流程管理工作？承担流程管理工作的团队应该来源于哪些职能部门？"他们会进行认真的思考，总结出的高效流程管理团队成员的特征如图 7-22 所示。

任正非认为，哪怕他自己退休之后，华为的其他管理者也能凭借机制和流程将业务管理好。现在，华为的高层领导已经很少直接管理公司了，只在重大决策上做出决断，公司的运作也已经脱离对某一个人的依赖。企业之所以能在竞争环境中越战越强，正是因为他们对于管理的重视，越是庞大的企业，内部的管理越应该是顺着流程去授权、行权、监督的，注重高效流程管理团队的培养。

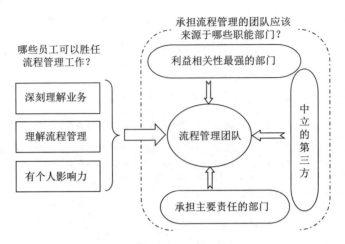

图 7-22　流程管理团队成员的特征

第 8 章
绩效与价值创造

华为在遭受重重困难的情况下，仍能保持营业收入和利润的增长，其内部有着这样一句话："任总每天最发愁的事情，就是如何分钱。"即如何评价员工贡献、分配企业利润、激发员工斗志。解决了这些问题，整个价值创造链就被打通了，组织也将不断地焕发生机和活力。

8.1　打造价值创造链管理循环

价值创造链有三大模块，分别是"以客户为中心"的价值创造、"以结果为导向"的价值评价、"以奋斗者为本"的价值分配，这三大模块循环往复，激发了组织员工的活力，推动着组织高绩效价值观的落地。

8.1.1　聚焦业务发展，全力创造价值

市场竞争愈加激烈，企业就更应聚焦业务发展，将全力投入为客户的价值创造活动上。任正非从华为创办之初就十分注重客户的利益，即"以客户为中心"，从客户的需求出发。任正非被采访时就曾提到，华为没有公司哲学，华为所有的哲学就是以客户为中心，为客户创造价值。

【管理研究】华为谈价值

《关于人力资源管理变革的指导意见》中指出，企业的发展要让客户、资本、员工多赢，办企业一定要使客户满意，这是生存的基础；也要使股东满意，这是投资的目的；同时，也要使贡献者满意，我们决不让"雷锋"吃亏，这是公司持续发展的推动力。

从华为整个发展历程可以发现，华为一直潜心于如何为客户创造更大的价值，而客户也一直是华为由弱到强的最大依靠。

2019 年，美国商务部工业与安全局（BIS）将华为列入"实体清单"，意欲遏制华为的发展。

与此同时，多家国际高科技公司声援华为公司，表示支持华为的城市 5G 网络服务建设，外国国民也对华为表示热烈欢迎；国内多家企业也用行动支持

着华为，如台湾积体电路制造股份有限公司官方发布公告，宣称绝不会停止对华为的供货。

得道者多助，失道者寡助。华为能够不惧美国的威胁，一方面是其自身公司实力的强大，另一方面是华为始终坚持以客户为中心，以客户为依靠，不惧怕外部打压。

《华为公司人力资源管理纲要 2.0 总纲》中提出，价值创造管理循环中全力创造价值的主要措施有：

实施"技术创新 + 客户需求"双轮驱动，把握好业务发展的方向，构建产业竞争与控制力；

基于信任，简化过程管理。在内外合规下，牵引公司作战力量聚焦多产粮食、增加土地肥力，而不是过度消耗于内部运作；

适应不同业务及发展特点，差异化组织队形与运作管理，提高组织敏捷性和运作效率；

对内打造具有企业家精神的主官队伍和高度激发的精兵队伍，对外汇聚英才，培育优质的生态资源；

由职业化管理的职员构建面向确定性稳定运作的平台支撑，由能上能下的主官和专家构建面向不确定性创新创造的牵引力量。让创造的力量在稳定的平台上"跳舞"。

"以客户为中心"就要求华为能够时刻准确地掌握客户的需求，并能及时满足这些需求，进而创造更大的价值，实现企业的基业长青。

8.1.2 健全价值评价体系，正确评价价值

在全力创造价值的基础上，就需要正确地评价价值，这既能为上一步的价值创造提供牵引，也能为下一步的价值分配提供依据。公司在创立初期，价值评价体系往往尚不完善，因此，健全一个合理的价值评价体系，并让各级管理者在工作中不断地去推行实施，提高管理的力度与深度。

《华为基本法》中第六十六条提出，建立客观公正的价值评价体系是华为人力资源管理的长期任务。这是由华为差异化的价值评价机制所决定的，如表 8-1 所示。

表 8-1　华为差异化的价值评价机制

维　　度		说　　明
业务发展阶段	成熟业务	导向精细化经营，不断地提高效益、稳定运营
	成长业务	导向积极发展，持续扩大市场规模
	发展初期业务	导向战略落地，抓住机会、布局未来
人才群体	主官	聚焦业务、夺取胜利
	专家	解决问题、专业创造
	职员	认真执行、高效支撑
	操作类人员	保质保量、精心操作
职责	业务性	建立短期与长期贡献相结合的合理评价机制
	职能性	区分好管控、监督与服务的不同工作价值
员工考评	工作绩效	侧重在绩效的改进上，宜细不宜粗
	态度、能力	侧重在长期表现上，宜粗不宜细

绩效评价是绩效管理的一大核心问题，而绩效评价在管理实践中产生了非常多的评价工具，如平衡计分卡（BSC）、关键绩效指标考核法（KPI）、目标与关键成果法（OKR）等，企业通常结合其管理场景，根据实际需求对这些工具进行选择。

如图 8-1 所示，字节跳动就选择了与企业强调行为十分匹配的绩效评价工具——OKR。字节跳动非常强调企业内部的信息透明，认为信息是决策的基石。字节跳动通过 OKR 将信息充分公开，使得业务团队成员之间的协同性增强，成员也能清晰了解自己的工作对于整体的价值。

没有哪一家企业的价值评价是一成不变的，对于价值评价体系的建立和完善需要我们长期坚持，只有正确评价价值，才能有效实行差异化的管理，助推企业业务的增长。

图 8-1 字节跳动与 OKR 相适配

8.1.3 合理分配价值，导向共同奋斗

马云曾说过，员工离职大概有两类原因——钱没给到位或心受委屈了。总体来说，就是价值创造链管理循环的最后一个模块——价值分配出了问题。当价值评价做到公正、客观，价值分配也要做到公正、合理，此时整个大循环才能发挥出最大的作用，员工才会充满活力、激情饱满地去开展工作。

在企业中，业务能够得到持续发展的原因就是整个价值创造链的管理循环被打通了（见图 8-2），实现了价值创造、价值评价、价值分配的有效循环。

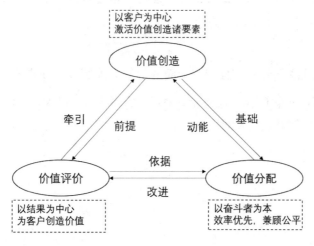

图 8-2 价值链管理模式

国内管理专家吴春波教授说："对于企业来说，回答谁创造了价值是价值评价体系与价值分配体系建立的基石。不回答谁创造了价值，也就无法解决价值评价和价值分配的问题。为什么这么说呢？道理很简单，谁创造了价值，就对他创造的价值进行评价，并按照一定的标准进行价值分配。这是完整的逻辑过程，也是实践中无法绕过去的问题。"

很多企业管理者处理不好"功劳"与"苦劳"的关系，结果造成下属员工怨声载道，让我们学习如何以责任结果为导向对员工进行价值分配。

阿里巴巴内部管理逻辑就有：①为结果付钱（奖），为努力鼓掌（励）；②欣赏有价值的失败，奖励有结果的成功。

巨人集团董事长史玉柱在某节目中谈到是否给"苦劳"团队发年终奖时也曾说过："功劳对公司才有贡献，苦劳对公司的贡献是零，我只奖励功劳，不奖励苦劳，但我会在发年终奖时请他们撮一顿（予以鼓励）。"

格力电器董事长董明珠表示："公司里不要说'我没有功劳也有苦劳'。请你记住，苦劳是企业的一种负担，它会让企业慢慢消亡，功劳才是你存在的条件和价值。"

在华为2013年度市场大会上，有多位华为高管获得了特殊的表彰——"从零起飞奖"。在过去的一年时间里，他们带领团队攻克艰难，取得了重大突破，但在最终结果上不尽人意，因此，他们履行"不达标准，负责人零奖金"的承诺，以此鼓舞更多的员工奋勇向前。

华为正是得益于科学、合理、全面的价值分配制度，使得全球英才齐聚这里，他们焕发出勃勃生机，最终支撑华为成为ICT领域的领导者，稳健经营，继续为客户和社会创造更大的价值。

8.2　绩效目标围绕战略达成

绩效目标的核心是支持企业的业务战略。在确定好企业战略目标后，通过战略解码工具对企业战略目标进行层层分解，使各个部门、团队、岗位的绩效目标得以明确，并与企业战略目标保持一致，助推企业战略的高效执行。

8.2.1　将企业战略解码到组织目标中

在企业战略制定与战略执行之间还有一个非常重要的环节——战略解码，通过战略解码这一步，可以将战略目标分解成关键任务、衡量指标及对应标准值。

【管理研究】战略解码的定义

战略解码是指通过可视化的方式，将组织的战略转化为全体员工可理解、可执行的行为的过程。战略解码的过程就是将企业的战略规划分解到产品线、销售线（行业或客户），再分解到企业各个部门的过程。换句话说，就是把企业的战略目标分解成不同的小目标，落实到各个单元，让各个单元去实现。

为了能将企业的战略目标进行层层传递与执行，使得企业全体员工的绩效目标都紧紧围绕着战略，企业在执行战略解码时就必须遵循以下 4 个原则。

第一，垂直一致性。所谓垂直一致性是指企业上下目标要一致，以企业战略和部门业务目标为基础，自上而下垂直分解目标，从企业到各部门再到各个岗位，保证目标的纵向承接一致性，而且下面的目标要大于上面的目标，这样公司的目标才能够实现。

第二，水平一致性。企业价值链上的各个环节都是互相关联的，战略解码需要以企业端到端流程为基础，建立各部门间的连带责任和协作关系，保证水平一致性。

第三，均衡性和导向性。企业每年都有管理重点，还有优先发展的业务。在战略解码的时候，企业需要考虑均衡性、导向性，例如今年重点要发展哪个业务，要重点提升哪个能力就要加大其指标权重。

第四，责任层层落实。建立 KPI 指标责任分解矩阵，落实部门对上级目标的承接和责任，为个人绩效考核的确定提供依据。

战略解码的常用工具主要是平衡计分卡，该工具于 1992 年由美国哈佛商学院的卡普兰与诺顿提出，国内多家知名企业均在组织内部投入战略解码实践，以提取绩效目标。

平衡计分卡包括财务、客户、内部流程、学习与成长 4 个维度（见图 8-3）。其按照组织结构自上而下地对战略进行垂直分解，企业级到部门级、部门级到团队级、团队级到个人级，层层进行；同时按照业务流程结构，从左至右对战略进行水平分解，保证分解后的战略一致性。表 8-2 是某企业进行战略结构后将战略目标、衡量指标、目标值及行动计划所汇总成的总表。

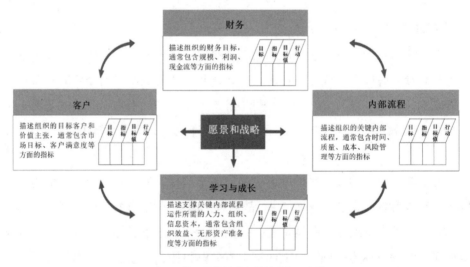

图 8-3　基于平衡计分卡的战略解码架构

表 8-2 企业基于 BSC 的战略解码总表（示例）

维　度	战略目标	编　号	衡量指标	目标值			行动计划	备　注
				2022 年	2023 年	2024 年		
财务	企业价值最大化	1	营业收入					
		2	净利润					
	降低运营成本	3	成本费用利用率					
客户	提升产品市场占有率	4	各产品市场占有率				建设产品营销平台	
	提升满意度	5	客户投诉					
内部流程	提高产品产能	6	各产品产能				开展产品产能提升项目	
							建设生产基地	
学习与成长	建设 ERP 平台	7					ERP 实施及推进	
		……						

战略解码的过程不仅使得企业上下的沟通渠道被打通了，在设定绩效目标时，企业管理层能听到更多基层员工的声音，采纳集体智慧，还能促进绩效管理的进步，绩效目标的设定将紧紧围绕着战略，且这一目标经过沟通协调后保障了与工作目标的一致性。

8.2.2　个人目标要支撑组织目标的实现

彼得·德鲁克认为，企业中的每一个成员都有不同的贡献，但是所有贡献都必须向着一个共同的目标；他们的努力必须全部都是朝着一个方向的，他们的贡献必须互相衔接而形成一个整体——没有缺口、没有摩擦、没有不必要的重复劳动。

企业全体员工应当通过战略解码来充分理解并认可组织战略目标，支持公司战略的执行。

任正非曾教育华为高管说："制定战略是公司层面的事，我们的员工未必关心公司的事，他们更关心自己一年能拿多少钱。但是我们要让员工觉得公司的事是和他们息息相关的，光喊几个口号是不行的，以前行得通是因为我们的员工少，现在我们的员工多了，可能一个标准体育场都站不下，我们的声音怎么传给体育场外面的员工呢？"

华为选择实行 PBC（个人业务承诺）绩效考核，自上而下地将公司目标逐一分解到部门，员工根据部门年度目标进行 PBC 设计。这样员工既理解了组织战略，又清晰了自己奋斗的方向，还将个人目标与组织目标紧紧联系在了一起。

个人目标应当强有力地支撑组织目标的实现，因此企业在对绩效目标进行划分时，优先考虑的就应当是与组织目标的匹配程度。华为引入的 PBC 优化结构如表 8-3 所示。

表 8-3　华为引入的 PBC 优化结构

一、业务目标
关键结果指标（WIN）——个人承接 KPI
1. 经营指标（KPI 指标）
2. 市场目标
个人关键举措目标（EXE）——共 6～8 项
1. 个人年度业务目标（战略诉求、山头目标、高层客户管理等）
2. 个人年度管理改进目标（交付流程改进、组织能力建设等）
二、人员管理目标（共 3～4 项）
根据各自负责部门的团队与人员管理挑战，设置目标
三、个人能力提升目标（共 2～3 项）
根据个人能力单板，设置个人能力提升指标，非职业发展计划

通过 PBC 的双向沟通我们得知，个人目标是在协商过程中产生的，这既保证了员工对绩效制定的参与度，又保障了个人目标与组织目标相统一。在执行层面，员工不会再纠结于个人目标与组织目标，而是更愿意用个人目标支撑组织目标，进而获取更大的利益。

在目标的制定过程中不可趋于同一，笔者团队在为某公司进行管理咨询时，通过使用访谈法、问卷调研法、资料分析法等方法调查后发现该企业的业务员、门店经理、大区经理的绩效考核指标都仅是营业额和毛利，只要下属员工完成了绩效目标，则上级领导的绩效目标也随即完成，领导就可坐享其成，这严重影响了员工的工作积极性和团队氛围。

笔者团队将该公司的绩效目标进行了差异化的设置：营业员是基层员工，考核指标仍以营业额为主；对于门店经理，不仅关注其营业额，还要对当期利润进行考核，引起他们对于门店利润的重视；对于大区经理，应该让其关注新市场拓展和落后门店的辅导工作，用绩效目标去引导他们重视企业的长期发展。通过对不同岗位的差异化考核，实现了企业无闲人，员工的工作积极性得到了极大的提升。

企业要根据岗位的职责来差异化地设置个人目标，引导各层级的员工关注不同的指标，越是高层的管理者，越要关注组织的中长期发展，而基层员工则主要关注实际任务的完成和自我能力的提升，以便更好地助力组织目标的实现，提升管理的综合效率。

8.2.3　绩效目标上下承接，有效支持战略

为了更好地实现组织战略目标的落地，企业在设计组织绩效目标时，就应该根据各部门、团队、岗位的职责，将绩效目标进行层层分解，做到企业战略目标和部门绩效目标、部门绩效目标和个人绩效目标上下承接，使得各级管理者和所有员工对部门职责与岗位职责都一清二楚。

　　某一个周六的早上，华为西安研究所接到了一个紧急电话：某省有个 32 模的点瘫痪了，导致几万名用户的通信都受到了影响，希望研发部门能够马上前往解决问题。项目组长罗璇（化名）迅速组织团队开展工作，但由于是新建团队，团队成员只对自己职责内的事情比较熟悉，他们缺少解决问题的深度支撑能力，在处理综合性紧急事件时相互之间配合不默契，奋战了 10 个多小时还是没能解决问题。在巨大的压力下，项目团队更加慌乱了。最终，只得求助该省的一个售后服务专家才顺利地解决了这个问题。

　　事后，西安研究所收到了该售后服务专家发来的邮件，邮件中提到"希望研发部门能'知耻而后勇'。"罗璇说："当时觉得特别丢人，然后我们痛定思痛，开始重新梳理重大事故的处理机制，明确流程和每个人的分工，强化每个人的关键能力，以确保对重大业务问题的深度服务能力，保障组织绩效的实现。"从此以后，再遇到类似的问题时，团队成员都能以成熟的方式来应对。

　　正是由于成员与团队集体的工作目标之间的承接工作没有做到位，每个成员都只关注自己个人的绩效目标，缺少全局视角，对影响重大的团队业务关键问题缺乏系统性的理解，遇到难题无法集结起团队力量去解决，从而使个人目标与团队目标都难以达成，更无法支撑组织战略落地。

　　在设计部门及岗位的绩效目标时，企业应当注意各级目标是否实现了战略统一，是否做到了紧密承接，要真正为组织战略的实现提供支撑保障。

8.3　科学评价与考核绩效

　　企业在面对竞争激烈的外部环境时，在价值评价上就必须坚持责任结果导向，即以价值创造为准，根据业务的性质及特点对各部门、各岗位差异化地设置考核评价标准，以此激发员工工作的积极性与主动性，最大限度地为组织创造收益。

8.3.1　绩效评价以价值创造为准

近年来，"加班文化"是经常被人们提及的一个词语。由 BOSS 直聘联合微博对职场加班情况进行了一次调查，调查数据显示，加班加点已成为企业中常见的一种现象。

【管理研究】加班的理解误区

"加班文化"的盛行就是因为许多公司的管理人员理所当然地认为"加班＝工作时间长＝高绩效"，所以依照员工加班时间长短来评定绩效，这其实是一种管理的误区。组织中的绩效评价应当以责任结果为导向，员工的薪酬与奖励也应该以员工的责任结果为分配依据。若公司领导偏好无意义的加班，不仅会造成组织资源的浪费，还会打击优秀员工的积极性，因为他们按时保质地完成了工作，却得不到相应的绩效评价。

三星集团就实行严格的目标管理制度，对于工作要求在计划时间内按质按量完成的，如果加班超过一定时长，管理者还需就本次超时原因进行检讨。在国内一提到加班，很多人会想到华为，但华为的绩效评价也是以市场为中心、以结果为导向、以价值创造为准的。

任正非曾在员工对话会上提到，组织中的所有不能为客户、为组织创造价值的行为都不视为绩效。比如将煤炭洗白了，整个过程苦、脏、累，可最终结果是客户不需要、公司也不需要，整个行为没有创造价值，也就不视为艰苦奋斗。这也正对应了华为的绩效考核标准：

①关键行为过程，以结果为导向；

②最终对客户产生贡献才是真正的绩效；

③素质能力不等于绩效。

因此在组织中，绩效的评价不应该被一些员工的工作表象所蒙蔽，例如员工 A 奋战在一线两三天都未曾合眼，员工 B 连轴辗转于各地之间等，如果这样的辛苦最终未能换取到实际的结果，即未能创造价值，那么也不应当给予他们较高的绩效评价结果。公司要做的是将员工所理解的"做贡献"，以公司期待他们做的"贡献"为参照做修正，这样的激励与导向才能牵引员工不断前进。

科学的绩效评价与考核是一个组织需要长期坚持下去的管理过程，它能牵引员工持续为客户创造价值，保持组织在市场中的地位。就正如任正非所说："华为要通过价值评价体系把贡献导向的优良作风固化下来，使之像长江之水一样奔流不息。"

8.3.2 实施分类分层的绩效考核

在组织实践中，无论企业规模大小，其内部都会形成若干的层级和部门，各层级之间、各部门之间的职责是不完全相同的，那么对它们进行绩效的评价与考核也应当分类分层进行考虑。

管理者在思考企业部门的绩效考核指标时，应该根据不同部门的价值定位设置，以发挥它们自身的独特价值，实现对企业战略的支撑。

研发部门的职责是开发产品，而销售部门的职责是开拓市场，将产品销售给客户。华为基于研发部门和销售部门不同的职责和定位，对其设计了差异化的绩效考核指标，如表8-4所示。

表8-4 华为研发部门和销售部门的绩效考核指标

部门	绩效考核指标	
	相 同 点	不 同 点
研发部门	战略目标、新产品销售、客户满意度、网络运行质量、市场份额、收入/订货、利润率、存货周转效率	产品竞争力、产品进度偏差、产品规格实现、技术断裂点、专利覆盖率、产品质量（返修率/事故）、研发降本
销售部门		客户关系、客户成功、回款/现金流、资金周转效率/服务成本率/销售费用率

华为基于价值定位分类设计部门绩效考核指标，使得内外两个部门都能够"利出一孔"，携手推进组织目标的实现。

企业还需要在内部设计分层的绩效考核指标,即各层级员工的绩效考核关注点、考核模式也应存在差异性,如图 8-4 所示。

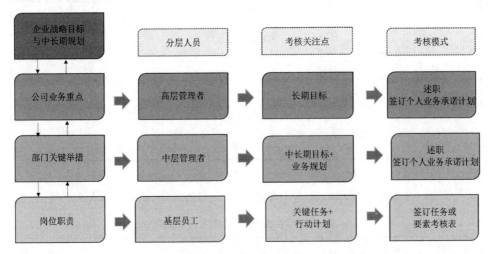

图 8-4 分层的绩效考核指标

对于高层管理者,绩效考核应关注公司战略和长期目标;对于中层管理者,绩效考核应兼顾战略的落实和中长期目标的达成;对于基层员工,绩效考核应关注短期目标和任务的行为规范,从而共同支撑企业战略目标的达成。

由此可知,企业的绩效考核需要根据业务特点、职责、价值定位等做出差异化安排,以最大限度地保障组织绩效考核的公平、合理,从而促进全员奋发前进、创造价值。

8.3.3 绩效考核等级划分及强制分布

绩效考核等级是员工在绩效考核后,对其现阶段工作绩效评价的一种表现形式。绩效考核等级一方面与具体的考核指标和标准有关,另一方面也与公司的考核主体和方法有关。绩效考核等级通常用于薪酬福利、选拔晋升,与员工的切身利益息息相关,因此,整个评价过程和标准应做到客观公正、科学合理。

阿里巴巴的绩效考核等级分为 6 个等级,对应结果及比例如表 8-5 所示。

表 8-5　阿里巴巴绩效考核等级及比例

考核等级（分）	考 核 结 果	比　　例
5	杰出	30%
4	持续超出预期	30%
3.75	部分超出预期	60%
3.5	符合预期	60%
3.25	需要提高	10%
3	不合格	10%

华为的绩效考核等级分为 5 个等级，且是强制比例范围，如表 8-6 所示。

表 8-6　华为绩效考核等级及比例范围

考核等级	考 核 结 果	解　　释	比例范围
A	杰出贡献者	员工绩效表现为各个方面明显超越所在岗位层级的职责和绩效期望	10%～15%
B⁺	优秀贡献者	员工绩效表现为经常超越所在岗位层级的职责和绩效期望	75%～85%
B	扎实贡献者	员工绩效表现为始终能够满足所在岗位层级的职责和绩效期望	75%～85%
C	较低贡献者	员工绩效不能完全满足所在岗位层级的职责和绩效期望，需要及时改进绩效	5%～10%
D	不可以接受者	员工不能履行所在岗位层级的职责和绩效期望，明显缺乏正常履行岗位层级职责所需的知识技能及工作有效性和积极性	5%～10%

在对个人进行绩效考核前，公司会先进行组织（部门）绩效考核。如果组织绩效考核被评为优秀，那么个人绩效考核等级为 A 的比例会增多，考核等级为 C、D 的比例将不做要求；如果组织绩效考核仅被评为一般，那么个人绩效考核等级为 A 的比例会减少，考核等级为 C、D 的比例也会做出相应的调整。

【管理研究】企业家谈绩效考核

物质薪酬是生存的保障，一定要给员工加薪的机会，但是加薪不是无条件的，一定要让员工做出好的结果，拿出高的绩效来交换，有人效，有结果，给员工多少钱都不过分。

——任正非

你别妄想考核能一碗水端平，矮个里面要拔高个，高个里面还要看矮个。很多人说这很残酷，但如果你不淘汰末尾的"1"，就是对"2"和"7"的不公平。

——马云

绩效考核制度的建立和实施费心费力，企业对于考核结果的应用也应落到实处，依据绩效考核结果对员工发放物质奖励和精神奖励，并做出晋升、降职、淘汰等处理决定。

8.4　价值分配要导向冲锋

处于整个价值创造链的末端是价值分配模块，整个链条能否循环起来，关键就在于企业内部是否有一套完善的、导向冲锋的回报分配机制。"组织"这辆汽车不仅需要"使命愿景、商业机会形成牵引发展"的"前轮驱动"，还需要用"合理的价值分配来撬动更大的价值创造"的"后轮驱动"。

8.4.1　坚持"同等贡献、同等报酬"

要想吸引并留住优秀人才，就必须使用好上一步（绩效考核）的结果，即根据贡献发放报酬，保证对内具有公平性、对外具有竞争力。人力资源专家张建国曾讲过一个故事，道出了许多企业内部价值分配上的难处。

某地有一家种桃大户，在桃子成熟的季节，主人为赶在第二天将桃子拉往集市上卖掉，一大早雇佣了两个人帮他摘桃子，并许诺当天摘完桃子的话每人给 20 元，二人答应了。等到中午时，主人发现仅凭这二人无法在一天之内完成任务，于是又雇佣了两个人，也是许诺当天摘完桃子的话每人给 20 元。等到下午时，桃子主人发现 4 个人恐怕还是完成不了任务，没办法，又雇佣了两个人，还是许诺当天摘完桃子的话每人给 20 元。最后，桃子终于在傍晚时被摘完了，主人将工钱发给了每一个人，中午和下午被雇佣的 4 个人拿着钱开心地离开了，早上被雇佣的两个人却埋怨道："为什么我们干的活比他们多，得到的工钱却一样多？"

由此看来，企业在内部要尽可能地追求公平，按照个人对组织的贡献去发放奖励，绝对不让公司里的"雷锋"吃亏。多年来，华为就时刻秉持着这一管理理念。任正非说："怎么使员工各尽所能呢？关键是要建立公平的价值评价和价值分配制度，使员工形成合理的预期，他相信各尽所能后你会给他合理的回报。而怎么使价值评价做到公平呢？就是要实行同等贡献、同等报酬原则。"

【管理研究】华为的"同等贡献、同等报酬"原则

华为进门看学历，那是因为不了解员工情况，总要挑一挑，有学历总比没学历好。但是进公司后，博士生也好，大专生也好，公司都不在乎，公司只注重其实际能力与工作业绩，只要做出了同样的贡献，公司就给他同等的报酬，从来都不羞羞答答的。

在资源与奖金的分配上，是基于他所承担的职位责任、实际贡献大小和实现持续贡献的任职能力，其他因素（如学历、工龄、社会职称等）均不作为工资确定的要素。

在干部晋升选拔机制上，华为也一再强调不要考虑其他标记，不能按他的知识来进行考核，必须按照承担责任和做出的贡献等来考核干部。也就是说，要选出绩效优、能力强的奋斗者。

建立一个"同等贡献、同等报酬"的价值分配体系能使企业中的价值创造链进入良性循环，激发组织的活力，提升员工的士气和其对公司的归属意识，进而强化员工创造更多价值的意愿和动力。

8.4.2　价值分配向奋斗者倾斜

帕累托法则（又被称为 80/20 法则）在管理学领域中同样被广泛应用，即在一定时期内，公司内 20% 的关键员工创造了 80% 的价值。对于这部分员工，除了分配与其贡献相匹配的报酬，还要将企业更多的资源向他们倾斜，让他们保持活力。

网飞公司创始人里德·哈斯廷斯对此有着更为独特的理解，他认为，给这些精英发放最高的工资（待遇），从长远角度看，其实是最节约成本、最有效的人才吸引和激励方式。

1968 年的某天，网飞公司在加利福尼亚的一间地下室开展了一项名为"精英原则"的管理研究活动。当天早上 6:30，9 名实习程序员被带入一间有数十台计算机的房间，每个人都被要求在接下来的两个小时内，竭尽所能地完成一系列编码和调试任务。

实验数据显示，9 名程序员中表现最差的一个人也是合格的程序员，而表现最好的一个人强于表现最差的一个人数十倍：编程速度快 20 倍，调试速度快 25 倍，程序执行速度快 10 倍。

基于"精英原则"，网飞公司将员工分为两类——操作型和创造型。对于所有操作型的工作，根据清晰的标准，按市场中间价开工资；对于创造型的工作，公司会给某一名能力超强的员工开出市场上的最高工资，而不是花同样的钱去雇佣十几名甚至更多名表现平平的普通员工。

而在华为，公司愿意在这些创造了更多价值的绩优者和奋斗者身上投入更多（见表 8-7），并且强调激励资源也要向一线、向艰苦的地区和岗位倾斜，通过岗位津贴、奖金方案等补助措施，为这些勇担大责的"火车头"注满"油"，进而引导全体员工积极担责，敢于奔赴一线，为公司开疆扩土。

表8-7 华为价值回报向奋斗者倾斜

员 工 类 别	划 分 标 准	机　会	工　资	奖　金	股　票
有成效的 奋斗者	高绩效 有使命感	及时任用 担当责任	明显高于 平均水平	高于平均水平 拉开差距	更高的 饱和度
一般 奋斗者	普通绩效 踏踏实实做好工作 贡献大于成本	考察锻炼 等待机会	稍好	平均水平	正常 饱和度
普通 劳动者	12级以下 未申请成为奋斗者 放弃奋斗者资格	无	平均水平 或稍好	无	无

　　"以奋斗者为本"是华为长期以来一直坚持和践行的核心价值观。在员工待遇上,华为坚决反对资历、反对无所作为、反对明哲保身,也反对一劳永逸的分配制度,要让真正拉车的人比坐车的、不拉车的人拿得多。公司管理制度致力于建设生机勃勃、雄姿英发、你追我赶的员工队伍,让奋斗的员工畅享胜利的果实,让惰怠的干部感受到末位淘汰的压力。

8.4.3　打破平衡,用差距激励员工

　　公司的前期发展依靠价值分配上的平衡,发展到了一定阶段,这个平衡就需要被打破,员工的潜力与斗志才能彻底被激发出来,企业才能永葆活力,避免被"熵死"。任正非曾说:"前二十年华为公司怕不平衡,后二十年华为公司怕平衡,要把奖励和机会向成功者、奋斗者、业绩优秀者倾斜,大胆倾斜。我们要拉开差距,后进者就有了奋斗的方向和动力,组织才会被激活。"

　　【管理研究】公司要把握好"拉开差距"与"平衡稳定"间的导向灰度
　　根据业务需求,公司要把握好"拉开差距"与"平衡稳定"间的导向灰度,发挥激励的杠杆作用。
　　员工的个体分配既要落实责任导向,大胆打破平衡,向做出突出贡献的"优秀人才""超优人才"倾斜;又要把握好"妥协与灰度",注意将分配差异化程度与不同业务、不同员工群体的贡献特性相匹配。

对需要发挥团队力量的业务，要管理好个体分配"拉开差距"和"稳定平衡"的关系，避免无谓的组织内耗，形成"全营一杆枪"，充分发挥组织中所有成员集体奋斗的力量；对于需要发挥个人作用的业务，针对个体激励时要更大胆地拉开差距，充分发挥"个人英雄主义"的引领作用。

对于前文提到的绩效考核等级，任正非认为未来还要扩大考核等级 A 的比例范围，理由有两点：其一，杰出员工占少数，他们就有可能被孤立，成为受排挤的对象；其二，要让杰出员工占多数，落后员工占少数，这样杰出员工就会拉着落后员工走，最终掉队的落后员工就会被淘汰。

阿亮（化名）是华为众多员工之一，等到每年年终考评时，别人被评为考核等级 A 而得到奖励，他心里总会不服气。2009 年阿亮参与了一个项目，他有了与金牌团队、金牌员工共事的机会，他领略到了这些杰出员工身上的品质。如某个团队的领导阿凯（化名），他工作细致、充满热情，阿亮在外地出差项目遇到困难时，阿凯放弃休假，专程到现场进行辅导；项目在后期交付遇到难题时，阿凯也能给予下属激励，传授解决思路，启发团队成员；项目结束时，团队成员给予阿凯的评价："他（阿凯）时刻都想尽一切可能，带领大家向前冲，不达目的决不罢休。"

华为不仅拉大杰出员工与落后员工之间的差距，还在杰出员工中选出最杰出的员工。

金牌奖旨在奖励那些为部门努力奋斗做出卓越贡献、支撑公司取得商业成功的个人或团体，是公司授予员工的最高荣誉。吴春波教授介绍，金牌个人奖的比例为 100 : 1，即相对于 10%～15% 的考核等级为 A 的杰出成员，金牌个人奖更是考核等级为 A 中拔尖的那一部分，必然都是专业"高手"、技术"大拿"、问题解决"牛人"、销售达人……

对于获得金牌个人奖的员工，华为不仅发放物质奖励，他们还可以与创始人任正非在天鹅湖畔单独合影及集体合影，得到任总的认可与鼓励。某员工在表彰会结束后就说道："我在公司工作 8 年，首次见到老板并合影真是荣幸，这比我拿百万元奖金还要高兴。"

机会面前人人均等，不唯学历、不唯资历，只看贡献和成绩，这是华为一直所强调的。用差距去激励所有员工，让员工真正感受到价值创造所带来的回报，感受奋斗者精神，为价值创造增添更多动能。

8.5　持续提升人均回报率

企业拥有大量的人才是不是就一定能成功？在华为看来，人才不是华为的核心竞争力，对人才进行有效管理的能力才是企业的核心竞争力。华为也一直在对管理做改进，坚决实行"减人、增效、涨工资"的政策。

8.5.1　按工资倒推目标任务

人效管理最核心的问题就是将组织绩效、成本费用、员工收入建立强相关的关系，只有这样，在给予关键员工高工资的同时，才不会使他们滋生懈怠思想，可以推动他们更强的进取心，取得更辉煌的成就。

在华为，为了激励核心岗位员工的主观能动性，强化薪酬奖金激励效果，公司实行薪酬包机制（包含工资性薪酬包和奖金包），薪酬包控制基线为销售收入的18%，其中刚性的工资性薪酬包占销售收入的10%～12%，弹性的奖金包则占销售收入的6%～8%，具体操作如下。

假设明年的某部门的预算销售收入是10亿元，那么按10%的工资性薪酬包基准线来做预算，计算得出工资薪酬包为1亿元，以此为依据来制订公司第二年的人力资源规划、预算调薪与招聘计划（见表8-8）。

表 8-8　预算阶段（示例）

类　比	计　算	金额 / 比例
预算销售收入		10 亿元
工资薪酬包比例		10%
工资薪酬包	10×10%	1 亿元

　　如表 8-9 所示，若该部门刚好达成 10 亿元的销售目标，则依旧按照 8% 的基准线计算奖金包，最终为 0.8 亿元；若该部门超额完成销售目标，预算阶段计算的工资性薪酬包的比例则会降低至 7.14%，薪酬包比例不变（18%），那么奖金包占比就会上升到 10.86%，奖金包金额为 1.52 亿元，是正常情况下奖金包的两倍；若该部门最终未完成销售目标，工资性薪酬包的比例就会上升至 12.5%，奖金包比例仅为 5.5%，金额为 0.44 亿元，是正常情况下奖金包的一半。

表 8-9　分配阶段（示例）

类　别	①完成		②超额完成		③未完成	
	计　算	金额 / 比例	计　算	金额 / 比例	计　算	金额 / 比例
实际完成		10 亿元		14 亿元		8 亿元
实际工资性薪酬包比例	1÷10	10%	1÷14	7.14%	1÷8	12.5%
奖金包占比	18%-10%	8%	18%-7.14%	10.86%	18%-12.5%	5.5%
奖金包	10×8%	0.8 亿元	14×10.86%	1.52 亿元	8×5.5%	0.44 亿元

注：表中的计算是四舍五入保留四位小数后所得。

　　上述场景仅为模拟场景，在实际情况中，华为将会对人员动态进行调整以确保工资性薪酬包和既定基线比例适配。

　　薪酬包机制的实行使得员工收入与公司经营状况、业务营收挂钩，工资性薪酬包与奖金包刚柔并济，共同促进各部门的自我管理、自我激励，在享受高收入的同时承担起高责任，更能激发团队成员的潜能，高绩效（贡献）者高回报，这也符合华为"绝不让奋斗者吃亏"的管理思想。

8.5.2　提高人均毛利率

企业在关注利润的同时也要关注其成本，不能被市场规模的扩张所遮蔽，而要眼光长远、布局将来。企业的费用一定要降下去，人均毛利率要涨上来，这些都要和最终的奖金挂钩。

管理人员极易沉浸在以往的管理制度和条例中，但旧的规范并不一定就是合理的。某些职能部门臃肿不堪，管理费用一年比一年高，涨幅速度比业绩还快，部门内部员工工作量不足但还在对外招人，一个人可以完成的工作被拆成三四份，不仅人浮于事、办事流程长、工作效率低，员工的潜能也没有被挖掘出来。

华为的应对方案是，内部设定多个毛利包（产品研发费用、市场产品管理费用、技术支持费用、销售费用、管理支撑费用、战略投入），并找到管理者，依据毛利计算总成本，倒逼管理者管控成本。管理者原先可能整天嚷嚷着要招人，但被告知一个成本基准线，即钱就这么多，他可能自己就会对岗位做出合并，认为某些工作岗位不用再招人，本部门的某某就可以兼任。因此，一定要将人均毛利视作企业能否生存的重要指标。

任正非说："我们一定要强调每个人对资本的贡献价值，在这个价值下，每增加一个人，要增加一部分增值价值。"若无法创造价值，公司就不允许这个部门再无限制地加人，反而要对成员进行精简，保证核心关键员工的利益得到保障，避免人才流失。华为使用损益表来让各 BU 自我约束，把控成本。损益表的核心要素包括：销售收入、产品成本与费用、毛利、直接费用、贡献毛利、产品研发费用分摊、公司平台费用分摊、贡献利润。华为 BU 损益表，如表 8-10 所示。

表 8-10　华为 BU 损益表（示例）[①]

序　号	科　目	BU1	BU2	BU3	总　计
①	销售收入				
②	产品成本与费用				
③	毛利③＝①－②				
④	直接费用				
⑤	贡献毛利⑤＝③－④				
⑥	产品研发费用分摊⑥＝①×15%				
⑦	公司平台费用分摊⑦＝②×6%				
⑧	贡献利润⑧＝⑤－⑥－⑦				

通过建立损益表，使得员工的奖金包与成本费用相关联，将成本控制压力传导至员工，将责任压实，有效的牵引组织、部门管理和运营的效益提升，达成人均毛利率的提高，实现企业长期稳定发展。

8.5.3　做好"减人、增效"管理

华为的薪酬制度就是"减人、增效、涨工资"，将懒人、庸人、不作为的人挤出去。"减人、增效"管理就是通过精简落后员工，使得员工总数量降低，但员工团队综合素质和能力都得到了显著的提升，人力资源成本得到了有效的控制，同时劳动生产率也会得到提高。

某老板将车间人员裁减30%，并将节省下来的工资用于给留下来的员工加薪，以期车间整体生产率得到提升。在减员后的最初一个季度，员工薪水涨了他们都很高兴，可待到生产旺季，人员的短缺就造成员工工作时间长，影响到了家庭生活，员工工作满意度降低。这种情况下导致他们生产出的产品品质下降、物料损耗率也上升了，还常被客户要求退货。最终，为维持车间能够正常

---

① 杨爱国 . 华为奋斗密码 [M]. 北京：机械工业出版社，2019.

运转，该老板不得不重新补充人手，"减人、增效"失败。

由此可以看出，减人要适度，员工并不是越减效率越高，人员应该怎么减是要讲究科学方法的。

企业在决定做"减人、增效"时要思考清楚 3 个问题，这也是华为人力资源部门在定招聘需求时要弄清楚的：①为什么要招这个人？②他的独特贡献是什么？③把这个岗位交给别人，给他加点工资，他能不能做到？

晋能控股集团在 2021 年年度工作会中提出"减人、增效"的要求，赵庄煤业以降低人力成本、提升生产效率为着力点，全面盘活企业人才、挖掘员工潜力、提升组织能力。

业务团队通过召开会议，对员工素质能力等进行梳理，并结合编制确定保障工作正常进行的人数。团队队长说道："如今我们队伍专心生产，零星工作移交给了外部，一些小事情就不会再分散我们的精力，工作效率得到了极大的提升。"

公司则配套管理措施和管理机制，对任务和流程进行科学规划，做到职责清晰、细分到人；严把产品质量关，减人不能降品质；还对员工提供知识技能培训，并强调按劳分配、多劳多得的价值分配制度，保障员工工作积极性。

赵庄煤业坚持"成本更低、结构更优、效率更高"的目标导向，积极布局未来人员结构，打造干练的人员团队，提升组织效能，推动企业驶入高质量的快车道。

管理最难控成本，缺乏科学合理的成本控制手段，企业就将在劫难逃。因此，"减人、增效"管理需要将全体员工都动员起来，从生产中求收益，从管理中求收益，只有在管理上不断优化和进步，摒弃一切不合理的制度和流程，以市场为中心，以客户为中心，企业才能生存下来。

第 9 章
文化与制度体系

　　文化指引着制度体系的建立与完善，制度保障了文化理念的落地与传承。文化与制度相融相生，在组织的管理实践中，既需要制度的"硬"约束，也需要文化的"软"温暖，用"文化"与"制度"两条腿走路，培育出强大的组织能力。

9.1 文化是重要的管理抓手

最好的企业管理从来不是靠制度、靠流程，而是靠文化的，通过企业文化这一理念共识，凝心聚力，不断对产品和服务进行改进与提升，为组织的使命愿景而奋斗。优秀的企业文化是组织的核心竞争力，为组织的不断前进提供牵引力和驱动力，并与企业制度相辅相成，共同促进企业的长远发展。

9.1.1 文化牵引组织持久进化

优秀企业崛起的背后，一定有一套从创始阶段就开始探索的、基于人性欲望的、合理的价值创造、价值评价和价值分配的理念体系[①]。企业文化起源于创始人的经历和故事，随着组织的发展壮大而逐渐被明确、完善和接纳，也在不断优化的过程中不知不觉地影响着组织的前进方向。

企业文化能够激发员工心中的归属感和认同感，使他们自发地凝聚在一起，破解企业目前的困境。稻盛和夫在接受我国媒体采访时，就如何拯救日航做出了如下回答：

"进到日航，我做的第一件事就是改变日航员工的思想意识，于是制定新的日航哲学。让全体员工赞同和拥有这种哲学，并且运用这种哲学在各个职场内钻研创新、改革改良，让日航员工发自内心地认为自己是日航的主人，自己的公司必须靠自己来守护。3万多名日航员工改变了意识，具备了新的精神状态，才使日航的重建走上了轨道。"[②]

日航哲学的确定使得这家公司的存在目的得以明确，公司全体员工有了统一的指导思想和行为准则，指引着未来组织进化和员工前进的方向。而员工对

---

① 田涛. 理念·制度·人——华为组织与文化的底层逻辑 [M]. 北京：中信出版社，2020.
② 稻盛和夫. 阿米巴经营 [M]. 曹岫云，译. 3 版. 北京：中国大百科全书出版社，2016.

于组织、文化的认同，也将被贯彻到他工作中的方方面面，当企业发展遭遇困境之时，他们更愿意与公司同呼吸、共命运。

任正非就十分强调压力与危机意识，在平时用自我批判文化武装思想，在思想上艰苦奋斗，所以当平时演练的情境真的发生时，华为的员工反而十分冷静，能够迅速出击作战，更具战斗力。

《华为基本法》中提到，资源会枯竭，唯有文化才会生生不息。企业文化具有凝聚、导向、约束、激励等功能，它也并非一成不变，保证文化建设与组织发展相匹配，打造组织核心竞争力，使企业更具抗挫折性，能够长期、稳定发展。

9.1.2 价值观是组织发展的核心竞争力

企业为什么要有清晰的使命、愿景、价值观？这是因为使命和愿景为企业描绘了未来的蓝图，指引着企业前进的方向，而价值观为企业勾勒了日常经营的边界，管辖着员工的行为举止，支撑使命和愿景的实现。好的价值观能凝聚群心、汇聚群智、集结群力，是组织发展的核心竞争力，强有力地保障着企业的有序运转。

2001 年 1 月 13 日，马云在办公室里滔滔不绝地讲述着阿里巴巴的企业文化和价值观，时任阿里巴巴 COO（首席运营官）的关明生问了一句："阿里巴巴的价值观有没有被写下来？"马云回答："没有，从来没有。"于是创始团队耗费一天的时间，将创业感受、经验、教训罗列下来，交由关明生梳理筛选，最终精简成 9 条价值观，被称为"独孤九剑"。再由彭蕾耗时 3 个月组织起每一条价值观的行为考核标准。这一阶段的价值观以"解决问题"为核心，集中在"工作理念"层面和"组织引领"层面，保障了阿里巴巴的发展势头。

公司的管理和运营是何其复杂，如果公司的价值观都还没有落到纸上，管理者和员工又怎么遵守这个企业的"游戏规则"呢？优秀的价值观在内部能够获得全体员工的一致认同，成为一种长期存在的、员工自发的思想和行为约束，在外部能够获取客户的信任与认可，提升企业的知名度和影响力。

海底捞作为餐饮行业的杰出代表，因其独特而体贴的服务文化所闻名。其内部有很多员工都来自农村，他们来到城市都希望能够拥有一份收入不错的工作，改善自己和家人的生活条件，这十分契合海底捞"双手改变命运"的价值观。因此，在每天高强度的工作压力下，员工仍旧能够展现高昂的工作激情和体贴的服务态度，始终能够保持对公司的忠诚和奉献，并在思想和行动上维持和公司同样的步伐，身体力行地创造和维护组织的利益。

多少人想要复制海底捞的成功，结果却只能复制他们的装修、设备、菜品等，始终无法将其价值观复制过来。海底捞创始人张勇视员工为自己的兄弟姐妹，大胆给一线服务员授权，这是众人皆知的事情，这一点就令不少竞争对手望而却步，甚至有人自嘲："我花 30 万元雇佣的员工，我都不敢授权给他。"

价值观独特且不易被复制，能为企业提供显著的竞争优势，组织便能借此抓住发展机遇，实现市场份额的飞速增长。

9.1.3 文化发展与制度建设共促进

制度与文化在企业中互相依存、共同促进，在企业漫长的发展历程中，往往会形成一系列独特的价值理念和制度体系，它们引领着企业披荆斩棘、砥砺前行。

华为于 1995 年开始组织《华为基本法》的起草工作，历时 3 年，于 1998 年正式实施《华为基本法》，它是一部总结企业战略、价值观和经营管理原则的"企业宪法"和制度体系，是华为企业文化的精髓。同年，华为与 IBM 开始合作，前期主要请 IBM 做一些小的项目。1999 年，华为正式启动两大重点变革项目：以"IPD"重整研发的管理及流程和以"ISC"项目来提高供应链的效率。

2000 年到 2002 年，华为又与 IBM 在 IT 方面进行合作，后者为华为搭建系统集成中心、数据中心及网络研究等项目。2002 年，为了加强组织能力建设和人才培训，IBM 联合美世公司给华为做组织研究并与华为大学合作领导力发展项目，直到 2003 年，华为与 IBM 的合作项目才大体都告一段落。至此，华为建立了一套规范的管理体系，向全球化发展迈出了关键的一步。

《华为基本法》的出台统一了员工们的思想，在一定程度上减轻了后期推行西方管理制度所遇到的阻碍。正如彭剑锋教授所说："《华为基本法》起草的时候，通过《华为基本法》的讨论、修改过程使华为高层领导达成了共识，完成了顶层设计。后来，华为引入大量西方的管理方法、工具，就是在以《华为基本法》为核心来构建华为人力资源管理的理论大厦。换句话说，华为引进西方管理方法，不是盲目引进，而是有顶层设计的。"

很多企业都仿效华为建立了培养人才的导师制度，但真正取得成效的很少。就拿笔者认识的一家公司为例，其人力资源部建立了导师从选拔到考核的一套标准，规定导师每个月必须辅导员工 3 次，并且要反馈辅导内容，公司也设置了相应的激励措施。然而，实行这套标准两年以来，不仅没有见到效果，而且还收到了管理层的诸多抱怨（管理者们普遍觉得自己工作很忙，根本没有时间做员工辅导工作，认为人力资源部门是没事找事）。另外，人力资源部门的员工也很痛苦：许多管理者总是不按时提交辅导反馈报表，而是要在人力资源部门多次督促后才草草地填写并提交。

通过与公司人力资源部门负责人进行交流，笔者发现导师制度在内部推行不畅有配套机制不完善的原因，然而，最根本的原因在于公司没有培养人才的文化：公司内部，上至高管，下至基层管理者，都认为培养人才不是自己的责任，他们觉得与其花时间做员工辅导工作，还不如多做点业务。许多管理者认为如果员工的工作做得不好，就应该把他裁掉，然后再招一名能够立刻上手的员工，而不是浪费时间去为前者做辅导。

华为建立 30 余年，其内部的管理体系渗透着任正非本人的所思所想。文化体现了企业的价值取向，支撑着制度体系的构建；制度承载着文化的价值理念，保障了文化的落地传承。两者共进，企业发展可事半功倍；两者缺一，企业发展则会事倍功半。

9.2　文化与制度相融相生

要想让企业的文化发展与制度建设齐头并进，就必须对文化与制度的关系有着准确的认知，围绕文化建立制度，依托制度落地文化，避免管理建设中两者产生的矛盾冲突，实现文化与制度的相融相生。

9.2.1　企业文化是制度之母

美国学者做过一个知名的论断，即企业文化是制度之母。企业文化的精髓是隐藏在组织成员头脑中的假设和价值，由于这些假设和价值的存在，组织成员才会依据特定的形式去执行组织的事务。缺乏文化进行认知的统一，仅有一套科学、完整的流程制度体系，企业能否凭借它扩大市场份额呢？

某公司耗资巨大从国外引入了一整套先进的、系统的流程和管理制度，以期提高公司的管理能力和运营效率。在流程和管理制度被引入后，总经理还对此沾沾自喜，认为公司发展必定一往无前。

然而，在接下来的 3 年里，企业人才不断流失，以往的经济效益也无法维持，呈现下降的趋势。制度是好的，为什么失败了呢？该公司的总经理为了搞清楚这个问题，聘请专业的管理咨询专家对公司进行诊断，其结果是：公司管理制度先进、完善，且能够被公正、合理地执行，但缺少了文化的支持。该制度管理严苛，与公司以往"开放、自由"的文化相背离。

文化在制度的建设过程中，起到了关键性的作用，如果企业内部因为兼并、收购等原因造成文化的冲突与对立，那么在进行制度建设前，企业更应该将文化的磨合工作摆在首要位置。

2005 年，联想收购 IBM 的 PC 业务，当时公司内部最大的风险就是文化的磨合。不同企业、不同国度、不同背景的人如何能够在一起配合工作？若联想的 CEO 选美国人，那么中国员工怎么想？若联想的 CEO 选中国人，那么美国员工怎么想？董事会之间互相有没有意见？文化磨合未能及时得到解决，在金融危机这个导火索的作用下，联想的问题最终爆发，仅一个季度就亏损 2.9 亿美元。

因此，柳传志复出并亲自抓文化，他说："有好的班子才能制定好的战略，然后才能建立好的文化，带领一支好的队伍，这个企业才能够真的做好。"联想新的领导班子采用中西合璧，国际人士与中国人各占半数。企业文化也要形成一个中西方共同承认的核心价值观——"说到做到，尽心尽力"。换一种说法就是"想清楚再承认，承认就要兑现"，然后还有"公司利益至上""以人为本"这些价值观。

企业只有抓住了组织发展的关键问题，做好企业文化建设工作，激发员工为组织创造价值的意愿和动力，并遵循着组织架构、管理制度，保障组织的高效运转，实现组织的长远发展。

9.2.2　制度能承载文化落地

文化宣传得再好，墙上标语贴得再多，如果缺少管理制度的承载，文化也只能被束之高阁。那么企业在管理实践中，制度的建设工作如何去适配企业文化呢？

一方面，制度是文化落地的有效保障。文化首先要被明确，明确之后就要得到执行，固化于制，外化于行，在企业经营与管理的方方面面得到体现。企业弘扬什么样的文化，就需要建立相应的制度做保障，制度的核心要能够反映文化的价值追求，例如"以客户为中心"就要求重视服务、重视品质，"开放创新"就要求重视学习建设、重视管理包容性。

2019 年，任正非在哈佛商学院发表演讲《蓬生麻中，不扶自直》，演讲中任总指出华为现在奋斗在一线的员工以"80 后""90 后"居多，他们的价值观更加多元化、更强调自我、更难管理。华为如何引导和管理好他们，真正的挑战还是价值观能否真正制度化、规范化，塑造一个有组织、有纪律、有理想的作战队伍。为此，华为通过"力出一孔，利出一孔"两条纪律让员工融入华为。华为坚持以结果为导向考核员工，以贡献作为评价的唯一标准，团结大多数优秀员工，聚焦在同一目标上，发扬艰苦奋斗思想，营造积极向上的工作氛围。

华为将文化融入组织的制度和流程中，培养了一批又一批的优秀员工，把他们输送到业务的各个岗位上，他们到了哪儿，华为的文化也就在那里扎了根。

另一方面，文化通过管理制度得到强化。组织制度以明确条文的形式做出规定要求，员工的每日行为都在其规范之下，这样员工就会潜移默化地认同其背后的文化价值。

在特斯拉，"设计和加强正确的企业文化"一直是埃隆·马斯克的重要工作。2020 年 3 月，美国知名科技新闻平台《商业内幕》曝光了特斯拉最新的员工手册，这份员工手册开头就写道"我们是特斯拉，我们改变世界，我们愿意重新思考一切事物"，并向员工宣讲了强烈的抱负、职业道德准则与行为规范等多个方面的内容。例如，"没人告诉我"这个理由，在特斯拉是绝对行不通的；"你迟到了"是孩子们在学校里经常听到的一句话，但特斯拉不是学校。

与此同时，特斯拉还在员工手册中介绍了薪酬制度、休假制度、用餐及休息时间等日常管理规范。这份员工手册既有法律要求，也有实际要求，有效地反映了特斯拉的企业文化，让员工的行为有据可依。

规章制度在文化的指导下得到建立，对全体员工形成了"刚性约束"，制度条例会规范员工的言行举止，文化也就会融入员工的血脉当中，不再需要外部力量的驱使，员工就会自觉担负起文化的传承和弘扬。

9.2.3 避免文化与制度间的冲突

文化与制度是企业非常重要的组成部分，企业要想实现文化与制度相融，突破组织发展的制约因素，就必须避免两者之间产生冲突。企业在创立初期，要想取得发展机遇、建立市场份额，大多是依靠创始人个人的精神与能力的；企业进入发展期要想做大做强，就必须对企业文化和组织能力进行培育，形成强大的竞争优势；企业进入成熟期便可凭借竞争优势不断获取市场利润，此时应当注意的是，企业要怎样做才可以维持并稳定自己的市场地位。

当企业的创始人逐渐老去，其最高管理者换了两三代后，新任 CEO 还能否保持对企业文化的坚守？或者被成熟期庞大的市场份额和利润所遮蔽，建立的制度规范也越来越脱离企业的初心。那么理所当然的，企业的竞争优势和市场地位也无以为继。

"过去它像钻石一样晶莹璀璨，而今却变得满身污垢、暗淡无光。"前常务董事天外伺郎这样评价索尼公司。他于 1964 年进入索尼公司，与公司一同奋斗 40 余年，见证了公司的往日辉煌与今日冲击。天外伺郎认为，造成如今现状的原因在于绩效制度与企业文化的冲突，使得公司业务开展得不到支持，反而造成员工只注重眼前利益，而损害了集体利益。

激情集团消失：最能使员工奋发的动机是员工自发的动机，而绩效制度过于强调外部动机（钱、名、利），使得公司的技术研发人员缺少工作热情，无法再像创立初期那样不知疲倦、全身心地投入产品开发当中，公司也就少见极具独创性的产品。

挑战精神涣散：绩效制度将员工报酬与业务挂钩，用强烈的外在动机激励员工，其后果就是员工为了报酬而工作，甚至为了拿到更高的报酬，而选择设定较低的考核目标，对于产品品质把控等平淡却重要的工作也不再重视，这也许跟索尼电池的着火事件有着一定的关联。

团队精神不在：公司不仅对个人考核，还对业务部门进行考核，制度的不合理使得部门之间互相拆台，个人在考核中躲避责任，破坏了索尼文化中所要求的"自由、豁达、愉快"的公司氛围，技术人员也不敢再大胆试错。

创新沦为落伍：索尼众多创新产品皆是在管理人员力排众议、研究人员殚精竭虑的情况下创造的，这都是需要巨额费用和长时间的投入才能取得的收益，但现在这样的研发精神已与当前的管理制度形成了冲突。

索尼的绩效管理制度从表面上看起来很科学、合理，但与其在创立时所定下的"自由、豁达、愉快"的宗旨相违背，员工的主观能动性在极大程度上受到了抑制。

文化与制度之间的冲突是一个日积月累的过程，当冲突产生时，文化理念就很难得到贯彻落实，制度规范也很难发挥应有的效用。企业在发展的过程中就应该要避免两者的冲突，在制度变革中分别对文化与制度进行梳理，取两者并集，实现文化与制度的融合，如图 9-1 所示[①]。

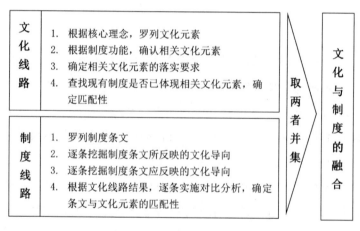

图 9-1　文化与制度思路梳理

首先，在文化梳理方面，罗列本企业的文化元素并确认相关文化元素，明确每一项文化元素的落实要求，查找现有的制度中是否已体现出这些要求。其次，在制度梳理方面，罗列制度条文，逐条挖掘制度所反映的文化导向，并逐条对比分析、确认制度条文反映的文化导向是否与企业文化元素相匹配。最后，取文化梳理结果与制度梳理结果的并集，保留与企业文化匹配的制度条文，改进与企业文化不匹配的制度条文，以实现文化与制度的融合。

---

① 　王祥伍，谭俊峰. 华夏基石方法：企业文化落地本土实践 [M]. 北京：电子工业出版社，2014.

9.3　组织制度体系设计

为了更好地承载文化落地，实现组织战略目标，企业应当构建制度体系，为全体员工参与企业的生产运营活动提供制度化、规范化的管理条约，通过搭建体系框架、完善制度建设、更新管理制度，切实提高管理制度的精细化和规范化程度。

9.3.1　明确制度设计原则，搭建制度框架

组织的制度应当从组织实际出发，以解决指导问题为目的进行设计。在设计制度框架时，应了解组织制度设计的原则。

①前瞻性：制度为企业未来发展而设计；②开放性：制度需要进行不断的优化、提升；③关联性：制度特针对与本企业的情况而设计；④权威性：制度应当被全员遵守和执行；⑤可执行性：指导管理者和员工各项工作的开展。

企业中的制度体系框架由横向分类、纵向分类两种方法组成。

（1）横向分类

从横向上讲，企业总的制度划分为三大类：基础制度、专业管理制度和内部管理制度，划分的考虑因素主要是制度的重要性和内容。例如，某集团制度总体上分为 3 类，每一类都还可进行更为细致的拆分（见图 9-2）。

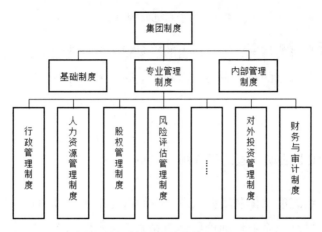

图 9-2　某集团制度的横向分类

（2）纵向分类

从纵向上讲，企业体系的层次可以划分为章程、制度、原则、规定、办法、条例、细则……具体的层级按照企业的实际规模和管理需要进行选择。例如，某公司就对人力资源制度不断进行细分，划分得到多个层级的公司规范，又对这些不同层级的制度规范自上而下进行拆解，形成了一棵倒立的管理制度树（见图 9-3）。

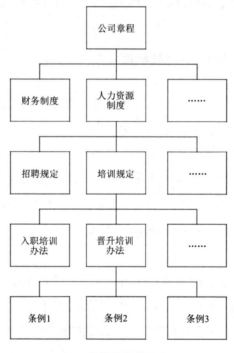

图 9-3　某公司制度的纵向分类

根据企业自身的情况，进行适当的横向和纵向分类，搭建起制度的框架，一方面要为企业未来的业务发展留出制度空间，另一方面对制度体系的完善奠定基础。

9.3.2　基于企业活动价值链完善制度体系

在搭建好组织的整体制度框架后，我们需要系统地梳理企业各业务流程的活动价值链，并基于企业活动价值链建立或完善制度体系，以确保企业文化能够落实到企业生产经营活动的各个环节。

　　某乳制品公司在企业制度文化建设工作中，为了让企业文化落实到公司经营管理活动的各个环节中，系统梳理了战略与经营管理、产品、大客户渠道、行政管理、监管、考核激励、门店、平台业务、渠道、人才管理、文化管理、消费者管理、组织管理等公司各个主要业务流程的关键价值活动，部分关键价值活动如表 9-1 所示。

表 9-1　公司各个主要业务流程的部分关键价值活动

主业务流程	关键价值活动
战略与经营管理	组织战略解码
	经营目标制定与下达
	经营规划拟定
产品	产品调研及竞品研究
	经销商政策
	终端政策
渠道	经销商合同拟定、审批
	经销商回款、调货
	产品铺市策略执行
门店	门店促销政策拟定
	门店赋能培训
	门店投诉处理
组织管理	流程体系优化
	优化组织架构
	责权利统一
人才管理	干部标准建立
	干部赋能培训
	人才梯队建设

该公司在通过系统梳理各个主要业务流程的关键价值活动后发现：部分业务流程的部分关键价值活动还是根据"经验管理"来实施的，并没有相关的制度条文，例如在门店环节，通过调研发现，不同地区的不同门店都有自己不同的管理制度，造成部分门店的客户满意度低；此外，在人才管理环节，公司一直以来倡导的人才理念是"以实干者为本"，但是管理者在分析"干部标准建立"时，发现公司干部标准建立存在漏洞，人才激励性不足等问题造成部分部门的人才流失严重，存在一些"老人"在管理岗位上占据多年可未能做出相应贡献的现象。

在企业文化建设实践中，我们可以借鉴该公司的相关做法，系统梳理各业务流程环节的关键价值活动，以企业文化理念为指导找出各业务流程环节现有管理制度的改善点的同时，检验各业务流程的各关键价值活动是否都覆盖有统一的制度标准，并针对制度缺失情况对照公司文化理念建立和完善相应的制度，以提高公司的管理水平。

9.3.3 结合组织实际情况，定期更新制度

组织的发展不是静态的，组织的外部环境是随时在发生变化的，企业文化、组织制度都需要不断进行更新。如果企业无法感知外部变化，或对外部变化不以为然，仍旧沿用现有的制度，那么当制度无法再适用时，企业就将成为那只"煮熟的青蛙"。

当下，企业制度体系多年未变的现象在很多企业中比比皆是，但再好的制度也有其"保质期"，只有不断检查制度的"保质期"，及时更换"已过期"的制度，才能真正贴合组织的实际发展需要。

IBM 为什么能在创立百余年后仍是商界典范？这里面有多方面的原因，但其中关键的一环就是组织能随着外部实际情况的变化，对文化和制度进行调整。在创始人老沃森对 IBM 的文化进行了详尽的阐述后，其文化理念就被总结为"尊重个人、服务至上、追求完美"的"IBM 三原则"，而且一直被 IBM 奉为神圣且不可改变的文化原则。因此，IBM 的文化理念在很长一段时间内都未能与

时俱进地诠释。

郭士纳成为 IBM 总裁后，开始了对企业文化的变革使其能够与时俱进。为了解决新文化难以落地的问题，IBM 还在纽约市召开了首次高级管理会议，郭士纳在会上提出了把公司文化调整落到实处的制度要求，如表 9-2 所示。

表 9-2　IBM 制度要求

变 革 前	变 革 后
公司自行推出产品	基于客户需求生产产品
按照公司自己的方式行事	以客户的方式行事
道德式管理	成功导向型管理
将决策建立在秘闻与神话的基础上	将决策建立在事实与数据的基础上
以关系为导向	以绩效和标准为导向
一言堂（政策性统一标准）	百花齐放、百家争鸣
对人不对事	对事不对人（询问为何而不是问谁）
良好的愿景甚至比良好的行为更重要	职责明确（总是能够解决问题）
美国占主导	全球共享
规则导向型	原则导向型
只注重我的价值（个人主义）	注重我们的价值（集体主义）
分析停顿（讲求百分比的完美）	有紧迫感地做决策和采取行动（只要有八成希望即可）
缺乏创新	学习型组织
平衡式资金投入	重点型资金投入

变革后精细化的制度要求让员工认清了现实，明确了改变的方向，而且更能理解和承接公司的文化理念了。经此一变，公司上下统一了思想，在文化上达成了新共识，在制度上注入了新活力，IBM 从此将与时俱进，奋发进取，再创辉煌成就。

由此可知，在遵守企业文化理念的前提下，适时对制度进行更新，会使这项制度再次焕发新的光芒。制度不是为了约束、为了惩戒而设立的，它的最终目的是保障公司各项业务工作能够常态化运行。因此，我们就需要结合企业的实际需要，不断地更新、改良、优化、提升组织的制度体系。

9.4 制度宣贯与共识

为满足企业实际需求，推进制度体系建设成果，企业还需要在内部成立制度标准管理领导小组来对各项制度的宣贯、执行工作提供负责保障，解决组织中员工不认可、干部不重视、领导不遵守等重点问题，通过员工参与机制，提升主人翁意识，做到知规、懂规、守规。

9.4.1 全面导入员工参与机制

不论是以文化为指导建立制度还是对制度进行宣贯，这都需要全体员工加入进来。很多管理者自诩"民主、亲切"，喜欢在制度的制定和宣贯过程中开展各种讨论会，但在讨论会上根本不听取员工的意见，仍是一副"一言堂"的表现。但个体能力和智慧是有限的，具有经历和眼界的局限性，只有真正做到民主讨论，发动员工广泛参与，群策群力，才能解决好管理制度与文化融合的难题。

在合适的场景中，让员工以合适的渠道发声，能有效提高员工的工作积极性、对工作的满意度和对公司的忠诚度；同时，员工的参与使得制度汲取众人的智慧，更为科学合理，在执行结算时不易造成员工冲突的局面，员工更为认同公司制度，更便于文化依载于制度落地（见图9-4）。

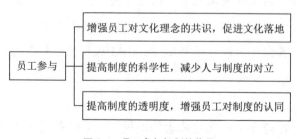

图9-4 员工参与机制的作用

华为非常重视员工对于管理的参与，在 1996 年，由中国人民大学的教授组成《华为基本法》起草专家组完成了初稿，任正非在各种场合下动员华为的干部员工参与讨论。在充分吸收了广大干部员工的意见和建议后，数易其稿的《华为基本法》才得以最终确定下来。

阿里巴巴新"六脉神剑"的修订就遵循着自上而下、全员参与的原则，发动合伙人、中层管理者、基层员工，即上上下下全体员工参与。全球各事业群不同司龄、年龄、岗位、层级的员工参与调研，收集了上千条建议。

谷歌把人才定义为：最精英的智慧"创作者"。谷歌认为，组织无法管理智慧创作者如何思考，只能管理他们思考时身处的环境，让这个环境成为员工天天想来的地方。因此，谷歌通过构建宏大的愿景、有挑战的工作，让员工参与决策和运营，达成组织和个人发展的统一，让智慧者在组织中实现自我价值。

这些公司本身的价值观就是追求开放、包容、创新，因为在文化、制度、运营方面，更重视员工的参与程度。值得注意的是，员工参与机制应当落于实处，而非浮于形式。

格力电器董事长董明珠曾发现，公司的总经理信箱设在厂长办公室门口，员工当天递交投诉，第二天就可能被厂长开除，这种员工参与渠道就形同虚设。董明珠上任之后就把信箱改设到食堂门口、厕所门口等不起眼处，后来最高一天能收到 700 多封投诉信，真正让这条渠道发挥了它的作用。

员工参与机制也是需要不断优化、不断进步的，但我们相信，只要公司管理者有坚定的决心，并将"员工参与"以制度的形式在公司中固化下来，员工参与定能取得显著的成效。

9.4.2　做好制度的培训与宣贯

企业员工对于公司制度的不理解、不认同将直接损害制度的执行效果，在基层也将出现形式主义、官僚主义之风，为了推进制度体系富有成效，发挥员工参与机制效用，企业要将制度的培训与宣贯落到实处。

【管理研究】制度宣贯的薄弱点

①宣贯流于形式：企业通常采用会议、手册等传统形式进行宣贯，对于组织规模大、人员分布广、员工学历低的企业来说，员工注意力无法集中，仅采用上述方式宣贯则效果无法保障。

②宣贯贪大求全：宣贯方面广、内容多，且对于宣贯的条例不加区别，一味堆砌制度条文，学习难度十分大，且成果不满足实际需要，员工认同度低。

③宣贯手段单一：手段单一、载体局限，宣贯效果受场景因素影响大，新生代员工学习兴趣匮乏，学习效率低。

不仅新办企业、小企业会遭遇到这些宣贯难题，很多大企业基层的制度宣贯也困难重重。例如，国家电网浙江省电力公司就采用"三纵四横"的宣贯体系（见图9-5），以线上线下学、联合实际学、思考辩论学为3条促进纵线，以上下联动、层层落实、严格检查、奖罚并举为4条保障横线。

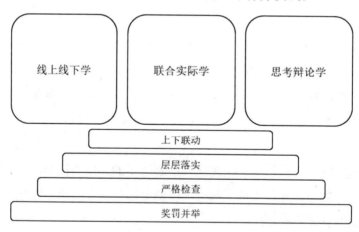

图9-5　制度宣贯体系——三纵四横①

通过线上线下，建立宣贯阵地，创新宣贯载体，活用宣贯模式，提高制度宣贯的吸引力、感染力和宣贯效果；通过联合实际，做到学用结合、新旧结

①　施卿云，张陈．"三纵四横"制度标准宣贯体系的构建 [J]. 企业管理，2017（S1）：384-385.

合，循序渐进，保障衔接；通过思考辩论，创新宣贯形式，吸纳学员意见，提升综合能力，加强制度理解，固化宣贯效果；上下联动，保障沟通；层层落实，以点带面；严格检查，落到实处；奖罚并举，提升激励。

企业应当在宣贯的形式、内容和手段上下功夫，让员工真正理解企业各项制度建设，推进企业的制度建设进程，维护制度建设成果，提升员工队伍素质和企业管理水平，保障文化与制度建设的有效落地。

9.4.3 培养员工对规则的敬畏之心

公司领导需要依照管理制度来管理员工，这是因为在组织当中，员工应当对规则心怀敬畏。

起初，伊藤洋华堂是做衣料买卖起家的，它的食品部门属于其管理中的弱势部门，为此，伊藤洋华堂创始人伊藤雅俊从"东食公司"挖来了岸信一雄。

岸信一雄对食品业的经营有非常丰富的经验和极强的能力。他来到伊藤洋华堂，无疑为伊藤洋华堂注入一剂催化剂。岸信一雄进入伊藤洋华堂后，重整了公司的食品部门，十年间将公司的业绩提高了十几倍，从而使得伊藤洋华堂的食品部门呈现出一片蓬勃的繁荣景象。

但随着公司业绩的提高，岸信一雄开始居功自傲，不守纪律。他的做法让伊藤雅俊无法接受。伊藤雅俊要求他改变工作态度，按照伊藤洋华堂的企业规则去做。然而，劝告并没有取得应有的成效，岸信一雄依然我行我素。伊藤雅俊最终下决心将其解雇，"杀一儆百"以维护企业的秩序和纪律。

舆论界因"伊藤雅俊解雇战功赫赫的岸信一雄"这一事件，对伊藤雅俊进行了尖刻的批评。对此，伊藤雅俊却理直气壮地反驳："秩序和纪律是我的企业的生命。对于不守纪律的人，一定要从重处理，不管他是什么人，也不管他为企业做过多大的贡献。即便会因此减少战斗力，我也在所不惜。"

在企业管理中，如果对于违反制度的员工不进行处理，就会有更多的人"添一把火"，把制度"烧"个千疮百孔。因此对管理者来说，姑息问题就是制造混乱；对员工来说，在制度范围内行动，你才能在企业中得到更好的发展。

　　制度与执行就像两个精密的零件（见图 9-6），任何一个环节出现了差错，便会牵一发而动全身，员工就会因此丧失对制度的敬畏之心，企业也将因此蒙受利益和形象上的损害。

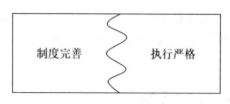

图 9-6　对组织制度怀有敬畏之心

　　制度首先要完善，提升员工约束力。建立责任体系，制定责任清单，明确员工可以做什么，不可以做什么，举轻以明重，举重以明轻。管理者要以身作则、严以律己，带头遵守制度条约。

　　依规执行要到位，强化权威性。制度执行奖惩严明，确保激励性与惩戒性，使遵守者得到应有的奖励，违反者受到严厉的惩处。提升执行队伍责任感，强调队伍纪律性，面对违规果断出击，坚持零容忍，莫以恶小而不罚，实现执行、监督、检查、问责环环相扣。

　　董明珠说："我绝不会让我的亲戚进格力工作。我如果松了口，公司高层未来也会安排他们的亲戚进格力工作，我们的忠诚干部也会效仿，那么格力又会回到拉帮结派的山头主义了。"管理者应当有清醒的认识，从每一件小事、每一处细节做好表率工作，不搞特权思想，时时刻刻遵守和执行组织纪律，强化制度权威。

9.5　保障制度的理性权威

　　美国前总统罗斯福曾说："一家成熟的公司是靠'制度'接班，而不是靠'人'接班的。"华为为什么能够玩转"轮值董事长"制度，让创新快马加鞭、活力永葆充沛，这是因为他们建立了制度，并把整个企业的管理搭设在制度理性权威之上。

9.5.1　严格执行制度规范

当组织建立制度、员工认同制度之后，企业的执行人员应当要能够将组织规范严格地落实和执行下去。大到企业管理制度，小到工作操作细则，我们在不遵守时找的"借口"都会有哪些？烦琐、无用、受阻……麦当劳，全球大型跨国连锁餐厅，全球有超过 38 000 家麦当劳餐厅，但你在任何时间、任何地点走进任何一家麦当劳餐厅都能享用同样品质的食物。麦当劳会告诉你，他们能做到这些，全依赖于长期对流程做了细致的规范要求，以及员工能够严格地按照标准去执行。

相比于海底捞的极致服务，麦当劳在餐饮行业的竞争优势就在于其制度化的管理手段。他们是真的将工作细节做到了极致的制度化，他们还专门编写了《麦当劳手册》以细致的要求来规范员工的工作流程。如收款员一定要与顾客保持眼神交流并保持微笑，详细规定了从拿杯子到将奶茶卖出的全过程；在顾客进门时，服务人员要一起说"欢迎光临"；在顾客离开时，服务人员要一起说"欢迎再来"；关于清扫工作，一定要在顾客用餐完毕，离开后进行，并防止灰尘飞扬等。

到目前为止，麦当劳还在不断加强对《麦当劳手册》的删减、修改和添加，通过将整个流程细节化，再将细节制度化进而形成可量化的标准或详细的条目，保障每个环节都有规可依。麦当劳还制定了相应的奖惩制度，以确保员工行为均严格按照标准实施，实现企业的良好管理效果。

柳传志说："在中国，想做大事的人很多，但愿意把小事做细的人很少；我们不缺少雄韬伟略的战略家，缺少的是精益求精的执行者；绝不缺少各类管理规章制度，缺少的是对规章条款不折不扣地执行。我们必须改变心浮气躁、浅尝辄止的毛病，提倡注重细节、把小事做细。"我们若想把手头事情做实、做细，不如就先从不找"借口"开始。

9.5.2 公平、公正地处理违规行为

"一次犯罪不过污染了水流，而一次不公正的司法却污染了水源。"对于违规行为纵然要严厉打击，但保持处理过程的公平、公正比处罚违规人员更为重要。

小吴为某电商公司的员工，在2019年10月、2020年2月两次收受供应商的咖啡（共8杯），并从供应商渠道购买了两盒口罩；2019年1月至2020年4月期间，小吴将内购账号外借给供应商员工，让其购买内部员工专属高折扣福利商品。公司以小吴的上述两项行为违反公司管理规定，也违反了员工职业道德和职业操守为由，于2020年4月与小吴解除劳动合同。小吴因此提请劳动仲裁。

法院查明事实后认定，咖啡和口罩并未超出正常的人情往来范围，不被认定为违规行为，外借账号的确对公司造成了一定的损失，但未达到严重的程度，且外借账号行为长达一年之多，其间公司未有任何口头谈话、提醒或书面警告的行为证据。小吴违反公司规章制度行为之初，公司未及时履行相应的管理义务，而是任其发展后选择对劳动者最严厉的处罚措施——解除劳动合同。而此举与《某公司员工行为奖惩办法》中显示的惩戒原则"以教育指导为主。对过失员工的处理，提高和改进为主要目的""提倡渐进、累积的惩戒方式。对于员工的过失，一般采取由低到高渐进惩戒的方式，在员工过失的初级阶段即促其改过；若员工屡犯过失，则可予以更高一级的惩戒；视情节轻重，也可直接给予某一级的惩戒，或无经济补偿解除劳动合同"并不相符。

最终认定小吴的上述行为某种程度上确实触犯了公司管理红线的有关规定，但公司存在选择性使用制度条款之嫌，不利于对劳动者合法权益的保护。而公司解除与小吴的劳动合同的行为，属过度行使内部管理权，并据此认定公司此次解除行为属违法解除劳动合同，公司应向小吴支付违法解除劳动合同的赔偿金××元。

从上述案例可以看出，该电商公司虽有完善的管理制度、坚定的执行态

度，但要做好违规行为的处理，还应当做到公平、公正、公开，即按照口头谈话、提醒或书面警告逐级提升处罚力度，并保留好相关的过程证据，避免用工风险。

互联网社会，任何信息在网络平台发布都可能引来爆炸式关注，公平、公正处理违规行为更应受到企业管理者的重视。如果相关不公正处理行为被员工发布到网络上，极易引发舆情事件，影响企业的口碑和形象。

9.5.3　制度面前，人人平等

制度作为组织成员所共同遵守的规章或准则，其核心原则就是制度面前，人人平等。而国内很多企业的领导喜欢个人执掌制度，认为制度管员工，即制度是用来管理员工的，领导个人可以凌驾于制度之上，享受特权。

但随着互联网时代的到来，员工的综合素质逐渐提升，国家也在不断做着相关的普及，领导的这种特权行为在企业里蔚然成风，必将影响组织的工作氛围，进而打击员工的工作积极性。

联想集团规定，公司在开展 20 人以上的会议时，如果有人迟到，不管你是谁，占据什么职位，不管有什么理由都要在会议室门口罚站一分钟。让人意外的是，这项制度实施后，第一个被罚的人竟然是柳传志原来的上司，当其他员工不知所措的时候，柳传志毅然决然地对这位老上司进行了处罚。不久后，柳传志自己因为电梯故障的原因，在高管交流会议上迟到了，他自觉地站到了会议室门口，并站了一分钟。柳传志其实已经想好了利弊，既然立了规矩就要执行，要在全体员工面前做好表率，他选择牺牲自己的面子来维护制度的权威，这样的领导反而更加受到员工的尊敬。

联想集团通过这种一视同仁的制度管理，给全体员工敲响了警钟，使他们真正地把制度的维护当成一件重要的事情来做，有力地打击了个别存有侥幸心理的人，也为企业制度的实施提供了保障。

　　"破窗效应"是指如果有人打破了一幢建筑物的窗户玻璃，而这扇窗户又没有得到及时的维修，其他人就容易受到某些示范性的纵容而去打破更多的窗户玻璃。说明这些破窗户会给人造成一种无序的感觉，在这种公众麻木不仁的氛围中，犯罪更容易滋生、猖獗。

　　制度就像这一扇窗户，当员工这块石头打破它时，我们很容易就对其进行了修补；而当管理者自己成为这块石头时，还能否及时地修补好破烂的窗户呢？

　　制度，不因关系亲昵而轻罚，也不因关系疏远而重判，对待企业员工做到一视同仁，制度才能真正发挥它的作用。

参 考 文 献

［1］稻盛和夫．阿米巴经营［M］．曹岫云，译．3版．北京：中国大百科全书出版社，2016.

［2］杨国安．组织能力的"杨三角"：企业持续成功的秘诀［M］．2版．北京：机械工业出版社，2021.

［3］杨国安，尤里奇．组织革新：构建市场化生态组织的路线图［M］．袁品涵，译．北京：中信出版社，2019.

［4］尤里奇，等．变革的HR：从外到内的HR新模式［M］．朱翔，等译．北京：机械工业出版社，2021.

［5］迪克雷．华为传［M］．张绚，译．北京：民主与建设出版社，2020.

［6］吴晓波．腾讯传1998—2016：中国互联网公司进化论［M］．浙江：浙江大学出版社，2017.

［7］李书玲．组织设计：寻找实现组织价值的规律［M］．北京：机械工业出版社，2016.

［8］何绍茂．华为战略财务讲义［M］．北京：中信出版社，2020.

［9］王钺．战略三环：规划、解码、执行［M］．北京：机械工业出版社，2020.

［10］王玉荣，葛新红．流程管理［M］．5版．北京：北京大学出版社，2016.

［11］陈立云，金国华．跟我们做流程管理［M］．北京：北京大学出版社，2010.

［12］水藏玺．业务流程再造［M］．5版．北京：中国经济出版社，2019.

［13］施炜．管理架构师：如何构建企业管理体系［M］．北京：中国人民大学出版社，2019.

［14］朱勇国．组织设计与岗位管理［M］．2版．北京：首都经济贸易大学出版社，2019.

［15］达夫特．组织理论与设计［M］．王凤彬，等译．10版．北京：清华大学出版社，2012.

［16］黄卫伟．以奋斗者为本［M］．北京：中信出版社，2014.

［17］黄卫伟．以客户为中心［M］．北京：中信出版社，2016.

［18］杨爱国．华为奋斗密码［M］．北京：机械工业出版社，2019.

［19］田涛．理念·制度·人——华为组织与文化的底层逻辑［M］．北京：中信出版社，2020.

［20］王祥伍，谭俊峰．华夏基石方法：企业文化落地本土实践［M］．北京：电子工业出版社，2014.